introdução aos estudos de direito internacional

inter
saberes

introdução aos estudos de direito internacional

Eduardo Biacchi Gomes
Juliana Ferreira Montenegro

2ª edição revista e atualizada

inter
saberes

Rua Clara Vendramin, 58 . Mossunguê
CEP 81200-170 . Curitiba . PR . Brasil
Fone: (41) 2106-4170
www.intersaberes.com
editora@intersaberes.com

- Conselho editorial
  Dr. Ivo José Both (presidente)
  Dr. Alexandre Coutinho Pagliarini
  Dr.ª Elena Godoy
  Dr. Neri dos Santos
  Dr. Ulf Gregor Baranow
- Editora-chefe
  Lindsay Azambuja
- Gerente editorial
  Ariadne Nunes Wenger
- Analista editorial
  Ariel Martins
- Assistente editorial
  Daniela Viroli Pereira Pinto

- Edição de texto
  Caroline Rabelo Gomes
- Projeto gráfico
  Raphael Bernadelli
- Capa
  Sílvio Gabriel Spannenberg (*design*)
  Oleg Golovnev/Shutterstock (imagem)
- Diagramação
  Conduta Design
- Designer responsável
  Iná Trigo
- Iconografia
  Vanessa Plugiti Pereira
  Regina Claudia Cruz Prestes

Dados Internacionais de Catalogação na Publicação (CIP)
(Câmara Brasileira do Livro, SP, Brasil)

Gomes, Eduardo Biacchi
  Introdução aos estudos de direito internacional/Eduardo
Biacchi Gomes, Juliana Ferreira Montenegro. 2. ed. revisada.
atualizada. Curitiba: InterSaberes, 2021.

  Bibliografia.
  ISBN 978-65-5517-457-1

  1. Direito internacional I. Montenegro, Juliana Ferreira.
II. Título.

21-71528   CDU-341

Índices para catálogo sistemático:
1. Direito internacional   341
     Cibele Maria Dias – Bibliotecária – CRB-8/9427

1ª edição, 2016.
2ª edição revista e atualizada, 2021.

Foi feito o depósito legal.
Informamos que é de inteira responsabilidade
dos autores a emissão de conceitos.

Nenhuma parte desta publicação poderá ser
reproduzida por qualquer meio ou forma sem
a prévia autorização da Editora InterSaberes.

A violação dos direitos autorais é crime
estabelecido na Lei n. 9.610/1998 e punido
pelo art. 184 do Código Penal.

apresentação 9

como aproveitar ao máximo este livro 11

Capítulo 1 **Direito internacional público: noções gerais - 15**

1.1 Natureza jurídica do direito internacional público - 15
1.2 Histórico do direito internacional público - 21
1.3 Conceito de direito internacional público - 27
1.4 Pressupostos de existência do direito internacional - 32
1.5 Conceito e características da sociedade internacional - 33

Capítulo 2 **Fontes do direito internacional público - 41**

2.1 Art. 38 do Estatuto da Corte Internacional de Justiça de Haia e as fontes do direito internacional público - 41
2.2 Demais fontes do direito internacional - 47
2.3 Tratados - 48

Capítulo 3 **Direito dos tratados - 53**

3.1 Conceito de tratado - 53
3.2 Nomenclatura dos tratados - 56
3.3 Condições de validade dos tratados - 59
3.4 Estrutura dos tratados - 64
3.5 Classificação dos tratados - 67
3.6 Processo de formação dos tratados - 70
3.7 Reserva aos tratados - 75
3.8 Extinção do tratado - 76
3.9 Tratados normativos e tratados de direitos humanos - 81

Capítulo 4 **Sujeitos de direito internacional público - 87**

4.1 Características - 87
4.2 Estados soberanos - 88
4.3 Organizações internacionais - 90
4.4 O indivíduo como sujeito de direito internacional público - 90
4.5 Entidades afins - 91
4.6 Novos sujeitos de direito internacional - 95

Capítulo 5 **Nacionalidade e condição jurídica do estrangeiro - 103**

5.1 Conceito de nacionalidade - 104
5.2 Meios de aquisição da nacionalidade brasileira - 112

5.3 Condição jurídica do estrangeiro - 112
5.4 Saída do estrangeiro do território nacional - 114
5.5 Tipos de visto - 123
5.6 Asilo político - 126

Capítulo 6 **Elementos de direito internacional privado - 137**

6.1 Natureza jurídica e objeto de estudo do direito internacional privado - 137
6.2 Histórico do direito internacional privado - 142
6.3 Denominação e conceito de direito internacional privado - 149
6.4 Fontes do direito internacional privado - 151
6.5 Classificação das normas de direito internacional privado - 159
6.6 Interpretação e aplicação da lei estrangeira por juiz nacional - 160

para concluir... 169
referências 171
anexo 177
sobre os autores 193

O presente livro foi elaborado com a finalidade de servir como uma relevante fonte de estudos e de pesquisa para alunos de graduação e de pós-graduação dos cursos de Direito, Relações Internacionais, Ciências Políticas, Administração, Economia e Comércio Exterior, tanto a distância quanto presenciais, bem como para auxiliar aqueles profissionais que necessitem aprofundar seus conhecimentos na área de direito internacional. Trata-se, assim, de uma obra especialmente escrita para o público que precisa de informações pontuais sobre esse importante tema.

Para iniciarmos nossos estudos, precisamos entender que, em uma sociedade globalizada, o direito não deve mais ser visto sob a ótica de sua divisão entre o público e o privado, o nacional e o internacional, mas sob a perspectiva de uma simbiótica relação entre as duas esferas. É necessário, portanto, ter em vista o constante diálogo entre o direito nacional e o internacional e os reflexos do direito público no direito privado.

Nesse contexto, os reflexos dos tratados (fontes de direito internacional) sobre os ordenamentos jurídicos dos Estados são constantes. Ademais, no âmbito das relações jurídicas contemporâneas, torna-se cada vez mais comum o estudante ou o profissional se deparar com situações conectadas a dois ou mais ordenamentos jurídicos de países diferentes (direito internacional privado).

Considerando esses aspectos, dividimos criteriosamente a obra em seis capítulos. É por meio dessa divisão que buscamos cumprir com os objetivos de ressaltar a diferença entre o objeto de estudo e a natureza jurídica tanto do direito internacional público como do direito internacional privado.

Assim, nos quatro primeiros capítulos, o leitor terá contato com os temas específicos do **direito internacional público**, como conceito, histórico e natureza jurídica, além de fontes, direito dos tratados e sujeitos de direito internacional público.

Após esse apanhado, no quinto capítulo, o foco recairá sobre o tema referente à nacionalidade e à condição jurídica do estrangeiro na condição de migrante ou visitante. Trata-se de uma matéria de direito constitucional, mas que também é comumente estudada tanto em direito internacional público (ao se abordarem os elementos constitutivos do Estado) como em direito internacional privado.

Finalmente, no sexto capítulo, de forma a proporcionar ao leitor uma visão sistêmica da matéria e promover importantes diferenciações, apresentaremos noções básicas sobre o **direito internacional privado**. O intuito não é esgotar o tema, mas torná-lo ainda mais atraente para estudos mais aprofundados, servindo esta obra como base para isso.

Este livro traz alguns recursos que visam enriquecer seu aprendizado, facilitar a compreensão dos conteúdos e tornar a leitura mais dinâmica. São ferramentas projetadas de acordo com a natureza dos temas que vamos examinar. Veja a seguir como esses recursos se encontram distribuídos no projeto gráfico da obra.

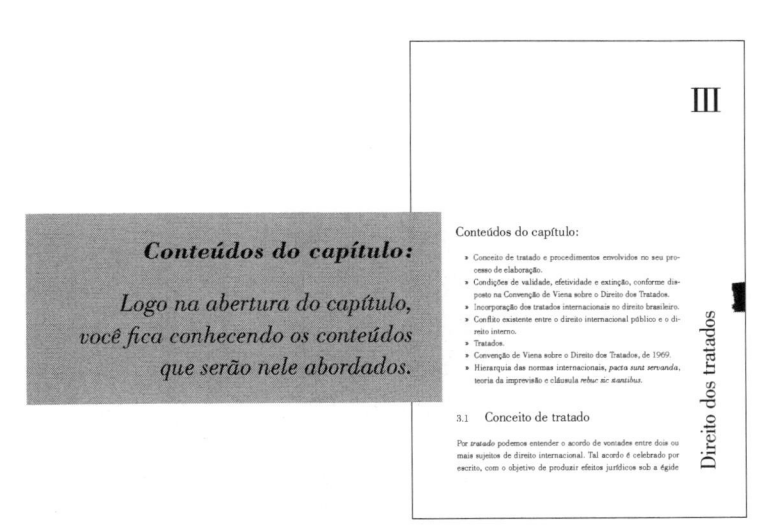

Conteúdos do capítulo:

Logo na abertura do capítulo, você fica conhecendo os conteúdos que serão nele abordados.

Consultando a legislação

Você pode verificar aqui a relação das leis consultadas pelos autores para examinar os assuntos enfocados no livro.

como aproveitar ao máximo este livro

vista que, segundo Mazzuoli (2010, p. 116), "a sobrevivência da sociedade internacional depende de valores superiores que devem ter prevalência sobre as vontades e os interesses dos Estados".

O autor afirma ainda que, ao admitir tal justificativa, de ordem objetiva e de fácil constatação, tem como suporte o direito natural e as teorias sociológicas e do normativismo jurídico. Isso porque se trata de uma necessidade para que os Estados possam conviver de forma organizada dentro da sociedade internacional.

Para saber mais

Você pode consultar as obras indicadas nesta seção para aprofundar sua aprendizagem.

Para saber mais

Em relação às teorias objetivista e voluntarista, optamos por trazer apenas algumas considerações sobre elas. Para mais esclarecimentos, consulte:
ACCIOLY, H.; SILVA, G. E. do N.; CASELLA, P. B. *Manual de direito internacional público*. 17. ed. São Paulo: Saraiva, 2009.
DAILLER, P.; DINH, N. Q.; PELLET, A. *Direito internacional público*. Lisboa: Fundação Calouste Gulbenkian, 1999.
MELLO, C. D. A. *Curso de direito internacional público*. 15. ed. Rio de Janeiro: Renovar, 2004.

Há que fazermos menção, igualmente, entre as teorias que procuram fundamentar a existência do DIP, ao pensamento de Kelsen (2010). Para ele, o direito internacional teria como fundamento a existência de uma norma hipotética fundamental e que justificaria a obrigatoriedade das demais ordens jurídicas nacionais.

Verificamos que a questão sobre os pressupostos de validade e de existência do direito internacional não é de fácil solução, notadamente porque inexiste uma única teoria que isoladamente seja capaz de explicar de onde o DIP retira sua legitimidade e sua coercibilidade.

---

serão equivalentes às emendas constitucionais, conforme assegura o parágrafo 3º do art. 5º da Constituição Federal de 1988.

Em face dessa modificação, os tratados internacionais sobre direitos humanos possuem níveis de escalonamento hierárquico distintos dos demais tratados normativos dentro do ordenamento jurídico nacional. Esse assunto consagrou a possibilidade de as normas internacionais alcançarem *status* condizentes com sua importância.

Síntese

Para concluir nosso estudo deste capítulo, podemos organizar um grande levantamento sobre o assunto. Acompanhe o Quadro 3.1.

Quadro 3.1 – Resumo sobre tratados

Definição	• Acordo de vontades. • Forma escrita e demais formalidades da Convenção de Viena de 1969. • Elaboração dos sujeitos de direito internacional público (Estado/organizações internacionais). • Objeto lícito e possível. • Acordo de direitos e obrigações regido pelo direito internacional.
Condições de validade	• Capacidade das partes contratantes: sujeitos de direito internacional público (Estados, organizações internacionais). • Habilitação dos agentes signatários: chefe de Estado, chefe de governo, ministro das relações exteriores, representantes acreditados pelos Estados por meio da Carta de Plenos Poderes. • Objeto lícito e possível, não deve violar normas internacionais existentes. • Consentimento mútuo: expressão da vontade, livre e desimpedida, sem vícios (erro, dolo, coação ou corrupção do representante do Estado).

(continua)

Síntese

Você dispõe, ao final do capítulo, de uma síntese que traz os principais conceitos nele abordados.

Questões para revisão

1) Assinale a alternativa correta:
   a. O tratado internacional é um acordo formal que pode ser celebrado por Estados soberanos, por organizações internacionais, por empresas privadas, por beligerantes, pela Santa Sé, além de outros entes internacionais.
   b. O tratado internacional, no seu processo de conclusão, passa somente pelas seguintes fases: negociação, assinatura, ratificação, promulgação e publicação.
   c. Compete privativamente ao Senado Federal celebrar tratados, convenções e atos internacionais.
   d. São formas de extinção do tratado internacional: execução integral do tratado, condição resolutória, guerra, denúncia unilateral, entre outras.

2) Indique se as afirmações a seguir são verdadeiras (V) ou falsas (F):
   ( ) Os direitos e as garantias expressos na Constituição Federal excluem outros decorrentes do regime e dos princípios por ela adotados, ou dos tratados internacionais em que a República Federativa do Brasil seja parte.
   ( ) Considera-se aperfeiçoado e obrigatório o tratado internacional multilateral com ratificação.
   ( ) A interpretação de uma cláusula de um tratado deverá levar em consideração o sentido comum atribuível aos seus termos, entendidos no contexto do tratado, do seu objetivo e de sua finalidade, bem como considerar seu preâmbulo e eventuais anexos.

Questões para revisão

Com essas atividades, você tem a possibilidade de rever os principais conceitos analisados. Ao final do livro, os autores disponibilizam as respostas às questões, a fim de que você possa verificar como está sua aprendizagem.

   d. A Corte da Haia pode decidir um litígio ex aequo et bono, ou seja, com base na equidade, desde que haja concordância das partes envolvidas.

4) Para se constatar a existência de um costume, é necessário verificar a presença de quais elementos?

5) Explique o que são *fontes de direito*.

Questões para reflexão

1) Qual é a importância das fontes materiais para o DIP?
2) O que são e quais são as fontes formais do DIP?
3) Ao se comentar sobre os princípios geralmente reconhecidos pelas nações civilizadas como fontes do DIP, quais críticas podem ser apresentadas?
4) Existe hierarquia entre fontes do DIP? Explique.

Questões para reflexão

Nessa seção, a proposta é levá-lo a refletir criticamente sobre alguns assuntos e trocar ideias e experiências com seus pares.

I

Conteúdos do capítulo:

» Noções básicas sobre o direito internacional público.
» Conceito e campos de aplicabilidade do direito internacional público.
» Natureza jurídica e histórico do direito internacional público.
» Denominação, conceituação e caracterização da sociedade internacional.

1.1 Natureza jurídica do direito internacional público

Nosso objetivo, neste capítulo, é abordar o conceito de direito internacional público (DIP). Todavia, antes de buscarmos a construção do conceito dessa disciplina, é importante examinarmos os contextos histórico e temporal desse importante ramo do direito, de forma a promovermos uma melhor compreensão do tema.

O DIP, por excelência, apresenta natureza jurídica de direito internacional, uma vez que trabalha com temas que transcendem as fronteiras do Estado. Conforme veremos no segundo capítulo deste livro, tradicional e historicamente, o Estado ainda é considerado o principal sujeito de direito internacional. Assim, o referido ramo do direito tem por objetivo estudar as relações jurídicas existentes entre os sujeitos de direito internacional e, principalmente, o Estado que ocorrem fora de sua jurisdição.

Por outro lado, o objeto de estudo do DIP consiste na análise das relações jurídicas que ocorrem dentro da chamada *sociedade internacional* entre os respectivos sujeitos – que, tradicionalmente, são os Estados, as organizações internacionais e, em determinadas situações, o indivíduo.

Também existem questões que são estudadas dentro da jurisdição do Estado e que, ao contrário do que possa parecer, apresentam natureza jurídica de direito interno, ainda que tenham repercussão internacional. Exemplo claro da referida afirmação se dá quando estudamos os reflexos de um tratado, que é uma fonte de direito internacional, sobre o ordenamento jurídico de um Estado, ou seja, questões relativas ao modo como o Poder Judiciário interpreta e aplica tal tratado ou, mais concretamente, ao grau de hierarquia que os tratados de direitos humanos têm no ordenamento jurídico brasileiro.

Outro claro exemplo que pode ser trazido como forma de ilustrar o tema são as questões referentes ao debate, trazido pela imprensa e pela própria sociedade, em relação aos rumos da política exterior brasileira. Nesse caso, o tema volta-se mais para as relações exteriores do que para o DIP propriamente dito, afinal, faltam ao referido fato elementos jurídicos que possam enquadrá-lo diretamente no direito internacional.

Em contrapartida, quando se trabalha com temas referentes aos estrangeiros – condição jurídica de estrangeiros e imigrantes, por exemplo –, tais matérias são de direito internacional privado, uma vez que se referem a questões que ocorrem dentro das jurisdições dos Estados, conforme veremos no Capítulo 2.

O direito internacional apresenta uma especificidade que certamente o torna totalmente diferente dos demais ramos do direito, isto é, seu campo de análise recai sobre as relações jurídicas que ocorrem dentro da sociedade internacional. Assim, vale a pena destacarmos as principais correntes que reconhecem a existência e a própria juridicidade do DIP. Ao estudarmos os pressupostos de validade e de existência do direito internacional, devemos investigar de onde o referido ramo do direito retira os fundamentos que justificam e respaldam seu caráter jurídico. Consequentemente, questionamos: O que autoriza (legitima) a aplicação das sanções nesse âmbito?

Analisando o processo histórico de construção do DIP, observamos que ele passou por etapas em que se negava sua existência. Foi, assim, classificado como um direito no qual estaria presente uma mera relação de forças entre os Estados, tendo em vista que estes se relacionariam em um constante "estado de natureza" (Mello, 2004, p. 30).

Para os que defendem a ideia – atualmente ultrapassada – de que o DIP seria uma mera relação de forças entre os Estados, há a assertiva da ausência de um verdadeiro poder sancionador dentro do direito internacional nos mesmos moldes existentes no direito interno (como um Poder Judiciário que exerce a jurisdição de maneira compulsória).

Entretanto, no que diz respeito aos pressupostos de validade e de existência do DIP, torna-se importante examinarmos as teorias que procuram explicar e compreender de onde ele retira sua legitimidade. Nesse sentido, devemos analisar as principais teorias para fundamentar a juridicidade do direito internacional.

O que é certo é que existem inúmeras doutrinas, construídas ao longo da história, que têm por finalidade explicar os pressupostos de validade e de existência do DIP. De acordo com Mello (2004), elas devem ser compreendidas em sua relação com o período histórico em que foram idealizadas. Além disso, há que destacarmos que o direito internacional, levando-se em conta a globalização, é uma realidade e que as teorias auxiliam a compreender melhor o tema aqui estudado.

Com efeito, devemos pensar em um processo de construção e de evolução histórica do direito internacional, ou seja, precisamos entender que cada uma das referidas teorias tem sua devida importância.

Por uma questão metodológica e de maior clareza, Mazzuoli (2010) optou por dividir as teorias em duas grandes correntes – voluntarista e objetivista –, sendo essa a linha que iremos seguir em nosso estudo.

Para a **corrente voluntarista**, a obrigatoriedade do direito internacional decorreria de um ato de vontade soberana do próprio Estado, quer seja por meio dos tratados, quer seja mesmo por meio dos costumes. Como derivante da corrente voluntarista, temos a teoria da vontade coletiva dos Estados, isto é, a obrigatoriedade do DIP repousaria na vontade (coletiva) dos Estados (Mazzuoli, 2010).

A grande crítica que pode ser feita à corrente voluntarista é o fato de que a obrigatoriedade do Estado, no sentido de aceitar a observância das normas internacionais, residiria no consentimento (vontade soberana do Estado). Porém, como esse mesmo Estado é soberano para se vincular ao cumprimento de uma norma internacional, ele também seria soberano para se desvincular sem que fosse aplicada qualquer espécie de sanção a ele.

Já a **corrente objetivista** surgiu no século XIX como forma de superar as inúmeras contradições da corrente voluntarista. Assim, conforme essa perspectiva, a obrigatoriedade do direito internacional surgiu em razão da existência de um ordenamento jurídico hierarquicamente superior ao ordenamento jurídico nacional, tendo em vista que, segundo Mazzuoli (2010, p. 116), "a sobrevivência da sociedade internacional depende de valores superiores que devem ter prevalência sobre as vontades e os interesses dos Estados".

O autor afirma ainda que, ao aduzir tal justificativa, de ordem objetiva e de fácil constatação, tem como suporte o direito natural e as teorias sociológicas e do normativismo jurídico. Isso porque se trata de uma necessidade para que os Estados possam conviver de forma organizada dentro da sociedade internacional.

Para saber mais

Em relação às teorias objetivista e voluntarista, optamos por trazer apenas algumas considerações sobre elas. Para mais esclarecimentos, consulte:

ACCIOLY, H.; SILVA, G. E. do N.; CASELLA, P. B. *Manual de direito internacional público*. 17. ed. São Paulo: Saraiva, 2009.

DAILLER, P.; DINH, N. Q.; PELLET, A. *Direito internacional público*. Lisboa: Fundação Calouste Gulbenkian, 1999.

MELLO, C. D. A. *Curso de direito internacional público*. 15. ed. Rio de Janeiro: Renovar, 2004.

Há que fazermos menção, igualmente, entre as teorias que procuram fundamentar a existência do DIP, ao pensamento de Kelsen (2010). Para ele, o direito internacional teria como fundamento a existência de uma norma hipotética fundamental e que justificaria a obrigatoriedade das demais ordens jurídicas nacionais.

Verificamos que a questão sobre os pressupostos de validade e de existência do direito internacional não é de fácil solução, notadamente porque inexiste uma única teoria que isoladamente seja capaz de explicar de onde o DIP retira sua legitimidade e sua coercibilidade.

Nesse sentido, mostra-se adequado pensarmos no princípio de base do DIP, denominado de *pacta sunt servanda* e previsto nos **arts. 26 e 27 da Convenção de Viena sobre o Direito dos Tratados**, de 1969. Resumidamente, os referidos artigos expressam que todo tratado em vigor obriga os Estados e que suas normas devem ser cumpridas de boa-fé.

> Art. 26
>
> *Pacta sunt servanda*
>
> Todo tratado em vigor obriga as partes e deve ser cumprido por elas de boa fé.
>
> Art. 27
>
> Direito interno e observância de tratados
>
> Uma parte não pode invocar as disposições de seu direito interno para justificar o inadimplemento de um tratado. Esta regra não prejudica o artigo 46. (Brasil, 2009)

Por outro lado, o Estado não pode invocar as disposições de seu direito interno como justificativa para descumprir um tratado. Ao se comentar sobre o princípio *pacta sunt servanda*, traz-se a concepção de que, a partir do momento em que o Estado se vincula a um tratado, como por meio de sua ratificação, por exemplo, ele assume um compromisso jurídico de cumpri-lo, sob pena de ser responsabilizado internacionalmente. Isso garante a primazia do direito internacional sobre o direito interno (Mazzuoli, 2010).

Quanto aos doutrinadores do DIP, vale a pena destacarmos alguns jusnaturalistas citados por Dailler, Dinh e Pellet (1999):

» Francisco de Vittória (1480-1586): Reconheceu a existência de um Estado soberano, cuja autonomia seria limitada pelo direito natural.

» Francisco Suárez (1548-1617): Foi responsável por promover a distinção entre o direito natural (imutável) e o direito das gentes (direito positivo).

» Hugo Grócio (1583-1645): Considerado pela doutrina como um dos precursores do DIP, uma de suas grandes contribuições foi a obra *Direito da guerra e da paz* (1625), em que examina a legalidade e a ilegalidade da guerra. O autor reconhece a existência do Estado soberano, a qual é limitada pelo direito natural.

» Puffendorf (1632-1694): Publicou o livro *Do direito natural e das gentes* e é considerado um dos discípulos de Hugo Grócio. Promoveu a distinção entre o direito natural e o direito voluntário (positivo), sendo este limitado pelo primeiro.

» Vattel (1714-1768): Considerado um dos precursores do **positivismo**, defendia que os Estados soberanos têm o "direito de decidir por si o que deve fazer no cumprimento dos seus deveres internacionais" (Dailler; Dinh; Pellet, 1999, p. 50).

Agora, antes de tratarmos do conceito de DIP, torna-se importante verificarmos sua origem e sua evolução histórica.

1.2 Histórico do direito internacional público

É consenso na doutrina que o direito internacional surgiu com a formação do Estado moderno e com a concepção do conceito de soberania. Certo é que, igualmente, a história deve ser entendida e compreendida como um processo de eventos e de fatos que, em um determinado momento, eclodem em um grande acontecimento. Por exemplo, o Estado moderno surgiu com a Paz de Vestfália, em 1648. Todavia, ele não surgiu da noite para o dia, mas foi resultante de um lento e gradual processo histórico.

Por uma questão metodológica, o grande recorte histórico que deve ser feito na linha do tempo é mesmo o da Paz de Vestfália, que marca o surgimento do direito internacional, com a ideia do Estado soberano.

De modo geral, optou-se por analisar a evolução histórica do surgimento do DIP tendo em vista os limites fixados pelas Idades Antiga e Média, pela Paz de Vestfália e pelo surgimento da Idade Moderna. Em relação à Antiguidade, período compreendido entre 3000 a.C. e 476 d.C., não se pode cogitar a existência do DIP, dada a inexistência de Estados soberanos.

Na Idade Antiga, existiam os grandes impérios, como a China e o Egito antigos, e, naquela época, as relações entre os povos eram caracterizadas pelos atos de guerra e de comércio. Existiam, ainda, alianças elaboradas entre os imperadores, com o intuito de dominar seus inimigos, realizar atos de comércio ou estabelecer demarcações territoriais etc. Naquele período, aliás, a história noticia a existência de tratados com o intuito de regulamentar as referidas matérias (Dailler; Dinh; Pellet, 1999).

Já na Grécia Antiga (século IV a.C.), as relações ocorriam entre as cidades gregas, havendo, naquela sociedade, uma grande desconfiança em relação ao estrangeiro, notadamente em razão do caráter individualista do povo helênico e das constantes guerras travadas entre as cidades gregas, inclusive com os outros povos (Dailler; Dinh; Pellet, 1999).

Nesse período, foram celebrados tratados de paz, de forma a contribuir para o desenvolvimento do comércio entre as cidades, que eram politicamente organizadas. Examinando esse contexto, percebemos que a contribuição da Grécia Antiga para o direito internacional pode ser traduzida nos institutos da diplomacia e da arbitragem e nos tratados.

Quanto ao Império Romano (século V a.C. até século V d.C.), devemos destacar sua grande expansão territorial e a existência de um exército extremamente organizado. Cumpre observarmos que, quanto mais Roma avançava em suas fronteiras, mais ela incorporava os povos bárbaros em seus domínios.

Os bárbaros eram os estrangeiros, isto é, aqueles que não tinham qualquer identidade e afinidade com a cultura romana e que, portanto, sequer se submetiam ao direito romano, muito embora estivessem sob os domínios do Império. Foi por isso, aliás, que esse império criou o *ius civile* e o direito das gentes (*ius gentium*).

O direito romano era um direito aplicado aos cidadãos de Roma. Já o direito das gentes era um direito criado pelo Império Romano com o intuito de ser aplicado aos estrangeiros (povos bárbaros conquistados por Roma). Tratava-se de um direito que tinha uma base do direito romano, mas que se adaptava aos usos e aos costumes de cada povo bárbaro conquistado. O *ius gentium* era aplicado nas relações jurídicas entre os romanos e os estrangeiros (Dailler; Dinh; Pellet, 1999). Podemos entender melhor essas relações observando as dimensões do império em questão no Mapa 1.1 a seguir.

Mapa 1.1 – *Extensão do Império Romano*

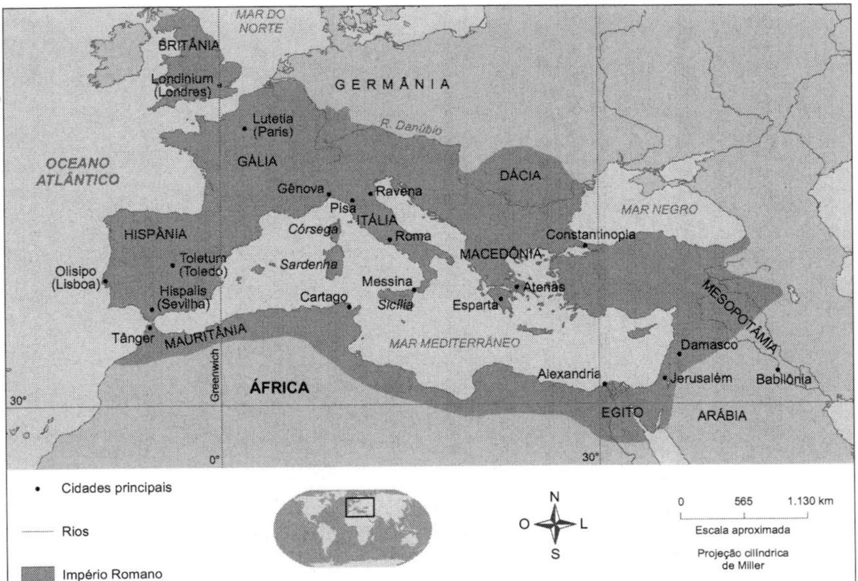

Fonte: Brasil, 1967.

Após a queda do Império Romano, resultante das invasões bárbaras (476 d.C.), iniciou-se o período do feudalismo, com forte influência da Igreja Católica nos reinos recém-surgidos (Mapa 1.2). Nesse momento, Gregório VII (1075 d.C.) defendia a ideia de que os monarcas tinham o poder terreno, enquanto o Papa detinha o poder celestial e, consequentemente, todos os monarcas deveriam obediência a ele. Trata-se, como podemos observar atualmente, de mais uma das características da sociedade medieval da época, em que os senhores feudais deviam obediência ao monarca e este ao papa (Dailler; Dinh; Pellet, 1999).

Mapa 1.2 – Invasões bárbaras no Império Romano

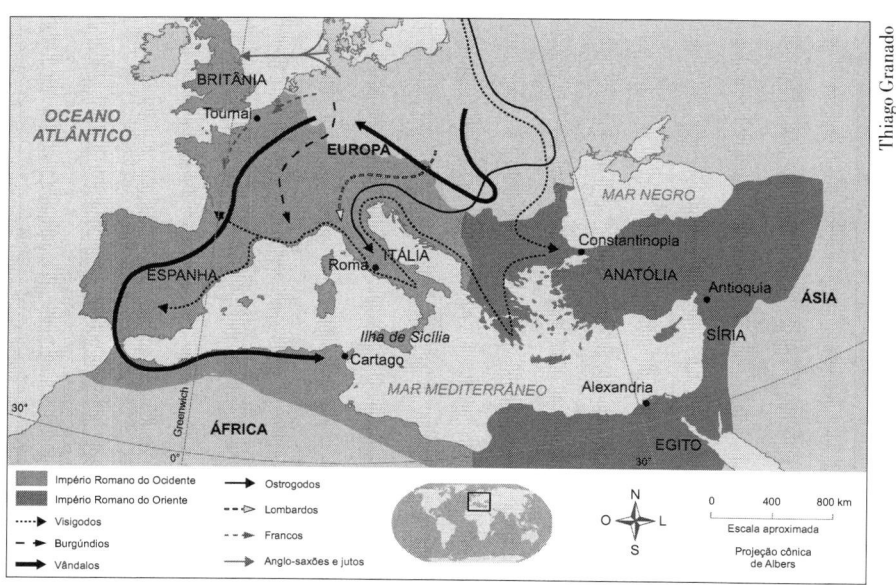

Fonte: Brasil, 1967.

A formação dos Estados modernos, aliás, ocorreu muito antes da Paz de Vestfália, precisamente com a Inglaterra. De acordo com Dailler, Dinh e Pellet (1999, p. 50), *o Estado supõe um poder central exercendo a plenitude das funções estatais sobre um território claramente definido que constitui a sua base. Depois de terem sacudido as tutelas externas, os reis tiveram de esperar ainda um século antes de ganharem, no plano interno, o combate contra a feudalidade.*

Na França, no período entre 1461 e 1483, o respectivo território foi unificado. No século XVII, o mesmo ocorreu com a Espanha, a Suíça, a Holanda, a Suécia e a Dinamarca. Com o intuito de fundamentar juridicamente o poder soberano do monarca, Jean Bodin, que viveu entre 1530 e 1596, construiu o princípio da soberania e seus atributos. A partir de então, ela poderia ser considerada una, indivisível, perpétua e suprema, tanto em seus aspectos internos (dentro do Estado) quanto em seus aspectos externos (fora do Estado). Ademais, a soberania era entendida em seu grau absolutista, ou seja, exercida única e exclusivamente pelo monarca (Dailler; Dinh; Pellet, 1999).

Foi então que, com o Tratado de Vestfália, que pôs fim à Guerra dos 30 anos, houve o surgimento do DIP. A Guerra dos 30 anos ficou conhecida por ser um conflito religioso e político que ocorreu na Alemanha e, posteriormente, estendeu-se para a Espanha e a França. Os Tratados de Osnabrück e Münster formaram o Tratado de Vestfália e envolveram os Estados da Suécia e seus aliados, incluindo-se a França e os principados alemães. Esse tratado marcou, portanto, a derrota do papa em face dos Estados que eram contrários à influência da Igreja Católica, que, naquela época, tinha o apoio alemão (Dailler; Dinh; Pellet, 1999).

Verificamos que foi nesse momento que a estrutura geográfica da Europa sofreu profundas alterações. Em outras palavras, a Idade Moderna trouxe consigo a formação dos Estados modernos e marcou o surgimento do DIP, notadamente porque, para o DIP clássico, o Estado ainda é considerado o principal sujeito.

Mapa 1.3 – Formação dos Estados modernos

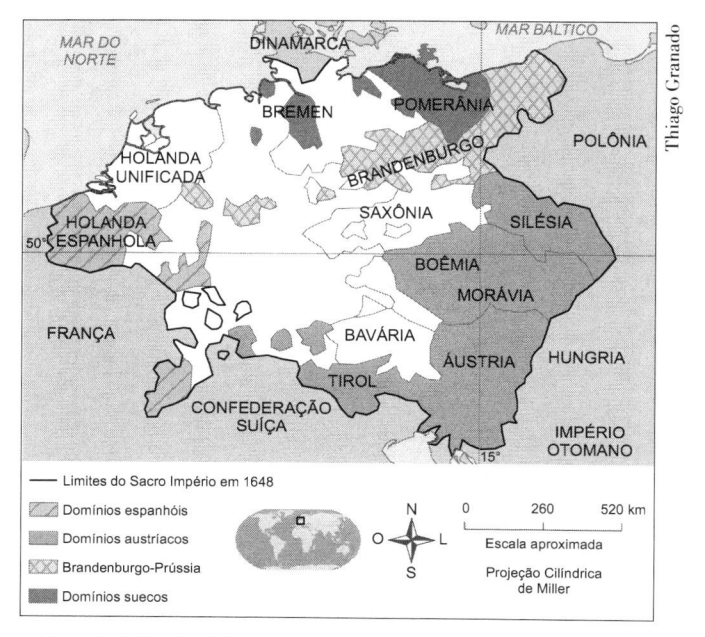

Fonte: Adaptado de Brasil, 1967.

A Revolução Francesa, ocorrida em 1789, e a norte-americana, em 1776, marcaram o surgimento do Estado-Nação, sendo que a soberania, que antes era exercida exclusivamente pelo monarca, passou a ser de titularidade do povo. Assim, o Estado sofreu algumas transformações, como o surgimento do sistema presidencialista nos Estados Unidos, o Estado em sua forma federada, o conceito de constituição como uma norma basilar do Estado-nação, assim como a existência de elementos comuns que passaram a identificar o povo ao Estado, como idioma, nacionalidade, cidadania, bandeira e hino.

Depois disso, a Primeira Guerra Mundial marcou a criação da Liga das Nações, a primeira organização internacional de caráter multilateral dotada de competências para adotar políticas para preservar e manter a paz. Também foi criada a Organização Internacional do Trabalho, por meio do Tratado de Versalhes, de 1919.

Todavia, com a eclosão da Segunda Guerra Mundial, o projeto da Liga das Nações fracassou e, no ano de 1945, com a Carta de São Francisco, foi criada a Organização das Nações Unidas (ONU).

Após o término da Segunda Guerra Mundial, especificamente em 1948, houve um movimento mundial, por parte dos aliados, com a finalidade de julgar e, principalmente, punir os alemães pelos crimes cometidos naquele período. O Tribunal de Nuremberg, mesmo com todas as críticas que lhe foram dirigidas, é considerado um marco importantíssimo dentro do DIP, uma vez que, desde então, o indivíduo passou a ser considerado sujeito de direito internacional*.

Com esses episódios, consequentemente, surgiu a preocupação dos Estados no sentido de adotar normas com a finalidade de proteger os direitos humanos, tendo-se como marco inicial a Declaração Universal dos Direitos Humanos, proclamada em 1948.

Até aqui apresentamos as premissas básicas do DIP quanto a sua natureza jurídica, assim como seu histórico. É importante, agora, compreendermos seu conceito.

1.3 Conceito de direito internacional público

Como vimos, o DIP tem natureza jurídica de direito internacional, afinal, estuda as relações jurídicas que ocorrem fora da jurisdição

---

* O Tribunal de Nuremberg, muito embora tenha violado alguns princípios básicos do direito, como o do juiz natural e o da anterioridade da lei penal, deixou uma contribuição histórica, porque, na história contemporânea, foi uma das únicas vezes em que a pessoa humana foi levada a um tribunal internacional para julgamento.

do Estado, isto é, dentro da sociedade internacional. É oportuno esclarecermos (consoante será abordado na seção seguinte) que as características da sociedade internacional, de forma alguma, podem ser comparadas com as da sociedade interna.

Assim, o DIP tem por objeto o estudo das relações jurídicas que ocorrem entre os sujeitos de direito internacional, no âmbito da sociedade internacional. Classicamente, são considerados como sujeitos de direito internacional os Estados, as organizações internacionais e, em casos excepcionais, os indivíduos*.

Já a sociedade interna é hierarquizada, uma vez que existe uma autoridade central. Nesse contexto, o Poder Executivo executa as leis, o Poder Legislativo faz essas leis e o Poder Judiciário julga e aplica as sanções. Além dessa autoridade, há a sociedade internacional, que é anárquica, descentralizada, paritária e aberta, quando está ausente uma autoridade central.

Vale destacarmos que o direito interno é um direito de **subordinação**, afinal, a sanção aplica-se diretamente aos seus destinatários, que são os jurisdicionados do Estado, tendo em vista que este exerce exclusivamente a jurisdição.

Já o DIP é um direito de **coordenação**, em que os Estados soberanos, por serem classicamente os principais sujeitos de direito internacional, estão em um mesmo plano de igualdade. Aqui, há que se aplicar um dos princípios consagrados no direito internacional e devidamente reconhecido na Carta da ONU, que é o da igualdade soberana entre os Estados, de acordo com o estabelecido no art. 2.1**.

---

* Em questões que envolvam os direitos humanos.
** "Artigo 2. A Organização e os seus Membros, para a realização dos objetivos mencionados no Artigo 1, agirão de acordo com os seguintes Princípios:
1. A Organização é baseada no princípio da igualdade de todos os seus membros; [...]" (ONU-BR, 2016a).

Trata-se, logicamente, de uma igualdade formal, uma vez que há que se levar em consideração outros aspectos, decorrentes de poderios militares, políticos, econômicos e comerciais dos Estados, que fazem com que alguns tenham posição de destaque no cenário internacional. Entretanto, tais questões fogem, em um primeiro plano, de uma análise estritamente jurídica, muito embora acarretem consequências para o direito internacional.

Exemplos claros da afirmação anterior são o inegável poderio militar, econômico e bélico dos Estados Unidos da América e a própria formação do Conselho de Segurança da ONU, o qual, conforme veremos adiante, é composto por 15 Estados (dez com cadeiras rotativas e cinco com assentos permanentes*). Os cinco com cadeiras permanentes têm direito a veto.

Cabe ao Conselho de Segurança adotar as políticas voltadas à preservação e à manutenção da paz, por meio da adoção de resoluções, que são obrigatórias aos Estados. Contudo, os Estados que integram as cadeiras permanentes do Conselho de Segurança têm o poder de veto, de forma a bloquear a possibilidade de adoção de uma resolução.

No limiar do século XXI, podemos falar da existência de novos valores para a construção do direito internacional, sobretudo após os atentados ao World Trade Center em 2001, nos Estados Unidos. O país iniciou uma grande ofensiva ao terror ao aplicar a chamada *Doutrina Bush*, considerando como inimigos todos aqueles países que potencialmente fossem contra a democracia norte-americana. Foi como se o episódio tivesse autorizado aquele país a promover intervenções militares com o intuito de fustigar possíveis futuras invasões aos Estados Unidos.

---

*   Estados Unidos, China, Rússia, França e Inglaterra.

A chamada *guerra preventiva* consiste, pois, em uma política unilateral norte-americana que viola o direito internacional*. Foi o que ocorreu na invasão do Iraque pelos Estados Unidos no ano de 2002.

No contexto da nova ordem mundial, inaugurada no começo do século XXI, o mundo voltou-se para a adoção de políticas intervencionistas pelas superpotências, principalmente por parte dos Estados Unidos, no sentido de se promover cada vez mais uma política de ingerência nos países considerados inimigos da democracia norte-americana. Iniciou-se, assim, a chamada *guerra contra o terror*.

Já no que se refere ao livre comércio, o novo direito internacional é pautado na adoção de políticas pelos Estados com a finalidade de buscar a promoção de maior intercâmbio comercial. Assim, ganham destaque as organizações internacionais especializadas para cumprir tais objetivos, como a Organização Mundial do Comércio (OMC). Trata-se de uma organização internacional de caráter multilateral com a finalidade de adotar políticas para a promoção do livre comércio por meio de sua regulamentação.

Da mesma forma, a construção de blocos econômicos, como o Mercado Comum do Sul (Mercosul), a União Europeia e o Nafta (North American Free Trade Agreement, ou Tratado Norte-Americano de Livre Comércio), ganha destaque no novo cenário do século XXI, em que as soberanias dos Estados ficam relativizadas em virtude da necessidade de estes adotarem políticas comuns, voltadas para a promoção do livre comércio.

Aliás, seguindo-se mesma linha de raciocínio, podem ser mencionadas outras organizações internacionais voltadas para a adoção de políticas financeiras e econômicas, como o Fundo Monetário Internacional (FMI) e o Banco Mundial.

---

* Desde o final da Segunda Guerra Mundial, a guerra é considerada um ilícito para o Direito Internacional, cabendo ao Conselho de Segurança da ONU, que trabalha com o conceito de segurança coletiva, adotar as políticas voltadas para a preservação e a manutenção da paz.

Devemos observar que, na referida estrutura do direito internacional, sob o enfoque do direito econômico, as **empresas transnacionais**, em virtude de seu grande poderio econômico e de sua influência comercial, podem interferir nas decisões e políticas dos Estados. São empresas que atuam em mais de um Estado, têm normas e regulamentos comuns e, muitas vezes, limitam o poder daqueles.

Além dos assuntos já abordados, a proteção ao meio ambiente também pode ser inserida nessa nova concepção da disciplina no século XXI, notadamente ante a consciência global cada vez maior de que os Estados devem buscar a preservação e a proteção do meio ambiente.

Nesse panorama, o ápice do desenvolvimento do direito internacional ambiental foi a realização da Eco-92, na cidade do Rio de Janeiro, quando se debateu a necessidade da busca por políticas sustentáveis para a exploração do meio ambiente.

No âmbito dos direitos humanos, a nova concepção do direito internacional também ganhou destaque, principalmente após a Segunda Guerra Mundial. Foi nessa oportunidade que o indivíduo foi elevado à categoria de *sujeito de direito internacional*. Após o Tribunal de Nuremberg, como já vimos, e a criação dos sistemas regionais de proteção aos direitos humanos, o tema passou a ter maior abrangência. Também devemos destacar o Tratado de Roma, conhecido como *Estatuto de Roma*, assinado em 1998, que criou o Tribunal Penal Internacional.

Concluímos, assim, que o direito internacional é um direito de coordenação de soberanias entre os Estados. Nesse sentido, cabe a eles legislar e aplicar as sanções em face de um ilícito internacional, cujo fundamento, como visto anteriormente, é o princípio *pacta sunt servanda*.

De modo geral, o DIP pode ser conceituado como um ramo do direito que tem por objetivo estudar as relações jurídicas que ocorrem entre os sujeitos de direito internacional, no âmbito da sociedade internacional ou, nas palavras de Mazzuoli (2010, p. 84),

> *o conjunto de princípios e regras jurídicas (costumeiras e convencionais) que disciplinam e regem a atuação e a conduta da sociedade internacional (formadas pelos Estados, organizações internacionais intergovernamentais e também pelos indivíduos), visando alcançar as metas comuns da humanidade e, em última análise, a paz, a segurança e a estabilidade das relações internacionais.*

Para esclarecermos melhor a concepção do DIP, examinaremos, ainda neste capítulo, as características específicas e, por fim, o conceito da sociedade internacional, que é o campo de atuação desse importante ramo do direito.

1.4 Pressupostos de existência do direito internacional

Como condição fundamental para a existência do direito internacional, pressupõe-se a presença de determinados fatores. Grande parte dos doutrinadores fala até mesmo em bases sociológicas do direito internacional. Trata-se de elementos que buscam configurar a necessidade da norma para regular o relacionamento entre seus sujeitos.

Faz-se necessário, portanto, um direito internacional que regule a relação entre os Estados e os demais sujeitos atuantes na sociedade internacional, bem como os conflitos advindos desse relacionamento. Baseado nessa premissa, Mello (1997) define como pressupostos do DIP:

» **Pluralidade de Estados soberanos**: As regras de DIP se fazem necessárias em virtude do fato de existirem diversos Estados soberanos que mantêm um processo constante de relacionamento e interdependência. Assim, a relação entre os Estados soberanos implica o contato com diferentes ordenamentos jurídicos, o que enseja a utilização e o regramento de direito internacional.

» **Comércio internacional**: Desde a Antiguidade, o homem sente a necessidade de comercializar, instaurando-se o intercâmbio entre povos a fim de se suprirem as mais diversas necessidades. Partindo-se dessa premissa, toda relação de comércio suscita o estabelecimento de normas para regular o complexo de relações econômicas e financeiras cujos atos terão repercussão em âmbito internacional.

» **Princípios jurídicos coincidentes**: Referem-se aos valores comuns necessários para que haja critérios de entendimento e, assim, possa existir interação entre os Estados.

Podemos entender que a somatória desses três aspectos resume a real necessidade do direito internacional na qualidade de regramento normativo.

1.5 Conceito e características da sociedade internacional

A sociedade internacional surge do mesmo modo que a sociedade interna, ou seja, da necessidade de relacionamento entre os sujeitos. No plano internacional, a necessidade de mútuas relações entre Estados soberanos possibilita o surgimento de relações internacionais formadas, entre outras formas, por acordos comerciais, mediante a celebração de tratados.

Mello (1997) afirma que a caracterização da existência da sociedade internacional não é um dos assuntos mais fáceis, tendo em vista que ela se encontra em constante transformação.

Ainda assim, podemos entender a sociedade internacional como um conjunto de conexões entre pessoas e institutos interdependentes entre si, que estabelecem relações em diversos níveis e por diversos motivos.

Com base nessa percepção inicial, é possível afirmarmos que a sociedade internacional surge das relações recíprocas entre os indivíduos e de um processo evolutivo que acompanha o desenvolvimento da humanidade.

É nesse sentido que muitos doutrinadores apontam que a sociedade internacional remonta à história da civilização humana, evidentemente que com características diferentes das que apresenta atualmente (Portela, 2012). A história mostra que, desde a Antiguidade, os povos vêm estabelecendo relações entre si, sejam econômicas, sejam de outra natureza, meramente em virtude de objetivos comuns.

Conforme os ensinamentos de Mello (2004, p. 56),

> *podemos afirmar que existe uma sociedade internacional porque existem relações contínuas entre as diversas coletividades, que são formadas por homens que apresentam como característica a sociabilidade, que também se manifesta no mundo internacional. A sociabilidade não existe apenas dentro das fronteiras de um Estado, mas ultrapassa tais limites.*

É claro que, com o passar dos anos, a sociedade internacional sofreu importantes mudanças, caminhando para uma sociedade universal e adotando um conceito de Estado centralizado e soberano. Nesse mesmo sentido, trazemos agora a ideia de Barbé (2006, p. 123, tradução nossa):

> *denomina-se sociedade internacional o conjunto que engloba o sistema interestatal, a economia mundial (ou o mercado mundial ou o sistema econômico global), os*

fenômenos transnacional e supranacional, aplicando-se o adjetivo internacional ao conjunto de todas essas relações entre Estados e entre sujeitos privados que permitem sonhar com a unidade da espécie humana.

Na mesma linha de raciocínio, as colocações de Cervera (1991, p. 1, tradução nossa) reforçam essa ideia: "entendemos por sociedade internacional aquela sociedade global (macrosociedade) compreendendo grupos com um poder social autônomo, entre os quais se destacam os Estados, que mantém entre si relações recíprocas, fortes, duráveis e desiguais".

É importante ressaltarmos que boa parte dos doutrinadores considera que a sociedade internacional é formada por Estados e organizações internacionais que buscam manter relacionamentos por meio de acordos regulados pelo DIP, em virtude da existência de interesses comuns e valores coincidentes.

Considerando o Estado como elemento-chave para o funcionamento da sociedade internacional, podemos refletir sobre suas principais características, em face da complexidade existente nessa formação.

Assim, afirma-se que a sociedade internacional é universal. O contorno universalista ressalta que todos os Estados fazem parte dela, podendo aumentar ou diminuir o número de atores ao longo dos anos. Essa alteração é possível porque a sociedade é dinâmica e, além disso, é no seio da sociedade que se desenvolvem os grupos humanos, desde a família até as organizações intergovernamentais, passando, inclusive, pelos Estados (Cervera, 1991).

A sociedade internacional é, também, descentralizada. Isso quer dizer que não existe um poder central que controla toda a sociedade internacional nem uma organização institucional superior aos Estados. O que existe são Estados soberanos, cada qual com o seu poder, não estando subordinados a nenhuma autoridade maior.

A sociedade internacional é, ainda, aberta, ou seja, todo aquele que reunir determinados elementos se tornará membro da sociedade internacional, sem haver a necessidade de que outros membros se manifestem sobre o seu ingresso (Mello, 1997).

Outro ponto importante é a percepção de que a sociedade internacional é paritária. Entendemos, assim, que existe igualdade jurídica entre os membros. Nesse caso, não levamos em consideração o desenvolvimento econômico do Estado nem sua dimensão, apenas consideramos o critério da soberania do Estado como referencial para o primado da igualdade jurídica em âmbito internacional.

Por fim, outro aspecto que caracteriza a sociedade internacional está relacionado à ordem jurídica. Na seara internacional, as relações jurídicas se desenvolvem de maneira horizontal, isto é, inexiste um poder central autônomo com competência para a criação de normas e com capacidade para impor o cumprimento das decisões, como ocorre no plano interno. Portanto, podemos afirmar que, em âmbito internacional, existe um sistema de sanções, mas que este não é tão efetivo quanto o sistema de direito interno dos Estados (Mazzuoli, 2010). Isso porque os Estados só estão vinculados ao cumprimento de determinados atos quando previamente firmados, por meio de acordos ou tratados.

Síntese

Neste capítulo, afirmamos que o DIP tem natureza jurídica de direito internacional em virtude das relações por ele reguladas, que transcendem as fronteiras dos Estados soberanos. Já a sociedade surge das constantes necessidades de relacionamento entre os indivíduos, e, no âmbito internacional, isso se repete. Vimos também que a sociedade internacional não tem uma origem definida, mas pode ser caracterizada desde que passou a existir um relacionamento entre os Estados e os demais sujeitos de direito.

As características da sociedade internacional, sintetizadas no Quadro 1.1, são derivadas do fato de que ela tem peculiaridades que resultam da soberania e da independência de seus membros.

Quadro 1.1 – Características da sociedade internacional

Característica	Descrição
Universal	Abrange todos os sujeitos de direito internacional.
Descentralizada	Não há um poder soberano central que monopolize a força e submeta os demais membros.
Aberta	Não existe um número determinado de atores internacionais.
Paritária	Existe igualdade jurídica, mesmo que incipiente, e consideram-se todos os Estados que integram a sociedade internacional como entes soberanos.

Por fim, verificamos que a sociedade internacional não apresenta uma organização institucional como ocorre com a sociedade interna.

Com base nessas premissas, deduzimos que, conceitualmente, o direito internacional compreende um conjunto de normas jurídicas destinadas a regular a relação entre os sujeitos do direito internacional, possibilitando a convivência harmônica entre os membros da sociedade internacional.

Questões para revisão

1) Indique se as assertivas a seguir são verdadeiras (V) ou falsas (F):
   ( ) A doutrina objetivista prega que a obrigatoriedade das normas de DIP advém de princípios e regras superiores inerentes à sociedade internacional que prevaleceriam

em relação ao ordenamento jurídico interno ou às vontades estatais, aproximando-se da ideia de direito natural.

( ) A doutrina voluntarista tem caráter subjetivista, pois afirma que o motivo da submissão dos Estados à ordem jurídica internacional é a vontade dos Estados, expressa em tratados e convenções ou mesmo implícita na aceitação dos costumes internacionais.

( ) Para a doutrina voluntarista, o elemento central são os fatores externos, sendo que a vontade não tem relevância.

a. V, F, V.
b. V, V, F.
c. F, V, F.
d. F, F, V.

2) Assinale a proposição correta:
   a. O Estado soberano é o principal ator internacional.
   b. A sociedade internacional é centralizada, pois dispõe de um poder central internacional ou um governo mundial.
   c. A sociedade internacional pode ser definida como o conjunto de entes que não interagem entre si.
   d. Sobre os conceitos básicos do direito internacional, é correto afirmar que a doutrina objetivista defende que o papel central é da vontade dos Estados envolvidos.

3) Sobre a sociedade internacional contemporânea, julgue as assertivas e, a seguir, indique a alternativa **incorreta**:
   a. A essa sociedade tem se incorporado um número cada vez menor de atores ou protagonistas de relações internacionais, os quais competem com o principal ator: as organizações não governamentais (ONGs).
   b. Na sociedade internacional contemporânea, não existe um poder central supremo. Cada Estado é soberano e tem o poder de responder em âmbito internacional pelas suas escolhas e atitudes.

c. A sociedade internacional não é homogênea nem estática. Está em constante evolução ao longo do tempo.

d. Na sociedade internacional, verifica-se uma igualdade jurídica entre os Estados, pois todos estão na mesma condição: a de Estados soberanos.

4) Considere a seguinte afirmação: "o Estado, por sua própria vontade, submete-se às normas internacionais e limita sua soberania". Ela se refere à vertente da teoria voluntarista ou à vertente da teoria da objetivista?

5) Explique no que consistem os atributos de um Estado soberano.

Questões para reflexão

1) Quais são os pressupostos do direito internacional?
2) Discorra sobre as principais características da sociedade internacional.
3) Diferencie a doutrina voluntarista da doutrina objetivista.
4) Discorra sobre os principais períodos do DIP.

Para saber mais

Para aprofundar seus estudos acerca do Tratado de Vestfália, consulte a seguinte obra:

JESUS, D. S. V. de. O baile do monstro: o mito da paz de Vestfália na história das relações internacionais modernas. *História*, Franca, v. 29, n. 2, dez. 2010. Disponível em: <http://www.scielo.br/scielo.php?pid=S0101-90742010000200012&script=sci_arttext>. Acesso em: 23 nov. 2015.

II

Conteúdos do capítulo:

» Art. 38 do Estatuto da Corte Internacional de Justiça de Haia.
» Fontes fundamentais do direito internacional público.
» Fontes auxiliares.

2.1 Art. 38 do Estatuto da Corte Internacional de Justiça de Haia e as fontes do direito internacional público

Doutrinariamente, para o direito internacional público (DIP), as fontes são os meios ou as formas pelas quais as normas deste se manifestam. Podemos, inicialmente, classificá-las em (Dailler; Dinh; Pellet, 1999):

» **Fontes materiais**: São os elementos sociais, históricos e econômicos, ou seja, os elementos que materializam as fontes formais.

» **Fontes formais**: São os meios e as formas por meio dos quais as fontes materiais se exteriorizam.

As fontes materiais seriam as verdadeiras fontes de direito, por meio das quais são criadas as normas de DIP, ao passo que as fontes formais seriam os mecanismos de sua comprovação e de exteriorização ao mundo jurídico. Na referida classificação, portanto, ambas as fontes se encontram interligadas e são interdependentes.

As fontes de DIP exploradas pela doutrina são mencionadas no art. 38 do Estatuto da Corte Internacional de Justiça de Haia. Há, também, outras não mencionadas no Estatuto, como as decisões das organizações internacionais e os atos unilaterais dos Estados.

É importante que, já no começo deste capítulo, portanto, analisemos as fontes do art. 38 do Estatuto da Corte Internacional de Justiça (CIJ).

O Estatuto da CIJ (ONU-BR, 2016b) regulamenta o funcionamento dessa corte, que é um verdadeiro tribunal de justiça vinculado à Organização das Nações Unidas (ONU). Ele tem por competência dirimir as controvérsias existentes entre os Estados que forem submetidas à CIJ.

Assim, com esse intuito, os juízes devem se utilizar das fontes elencadas no art. 38, mencionadas a seguir:

> Artigo 38
> 1. A Corte, cuja função é decidir em conformidade com o direito internacional as controvérsias que lhe forem submetidas, aplicará:
>   a) as convenções internacionais, quer gerais, quer especiais, que estabeleçam regras expressamente reconhecidas pelos Estados litigantes;
>   b) o costume internacional, como prova de uma prática geral aceite como direito;
>   c) os princípios gerais de direito, reconhecidos pelas nações civilizadas;

> d) com ressalva das disposições do artigo 59, as decisões judiciais e a doutrina dos publicistas mais qualificados das diferentes nações, como meio auxiliar para a determinação das regras de direito.
> 2. A presente disposição não prejudicará a faculdade da Corte de decidir uma questão *ex aequo et bono*, se as partes assim convierem. (ONU-BR, 2016b)

Conforme o disposto no art. 38 do Estatuto da CIJ, as fontes estão divididas em:

» **Fontes principais**: São aquelas que podem ser utilizadas pelos juízes da CIJ, com a finalidade de efetivamente dirimir as controvérsias que lhe forem submetidas.

» **Fontes acessórias ou auxiliares**: Trata-se de prática geral e comumente aceita como norma jurídica, adotada pelos Estados no âmbito do direito internacional. Apresentam dois elementos: o material, por meio da repetição de atos, e o subjetivo ou psicológico, que se traduz na convicção de que o agente, ao adotar a prática, atua de acordo com as regras do direito internacional.

Na sequência, vamos examinar em detalhes as fontes principais.

Fontes principais

No que diz respeito às fontes principais, não existe hierarquia. Isso significa que os juízes da CIJ, ao julgarem uma controvérsia que for submetida à análise da Corte, podem, em princípio, julgar com base nas convenções, nos costumes ou nos princípios gerais do direito. Rezek (2005) esclarece que tanto um tratado pode derrogar um costume como o costume pode derrogar um tratado.

Muito embora não exista hierarquia entre fontes, o que se observa no direito internacional após a Segunda Guerra Mundial é um movimento normativo do DIP, o que leva a uma elaboração maior de tratados por parte dos Estados. Assim, para que haja maior segurança jurídica, torna-se mais comum que os juízes da CIJ procurem fundamentar suas decisões naqueles tratados e convenções vigentes e que representam as normas que foram devidamente pactuadas entre as partes.

As convenções também são denominadas de *tratados* e têm por finalidade estabelecer regras expressamente reconhecidas entre os Estados. Trata-se da transformação dos costumes em direito positivo, conforme veremos adiante.

Já pelas fontes costumeiras, de acordo com Rezek (2005), percebemos que o elemento material do costume está representado pela repetição regular de um ato, o qual, na maioria das vezes, pode ser caracterizado por uma ação ou mesmo por uma omissão (quando o Estado deixa de agir). Uma questão em relação ao aspecto material, de acordo com o autor, é o aspecto temporal, ou seja, o tempo necessário para que uma prática se transforme em um costume internacional.

Também é certo que as práticas costumeiras no direito internacional, como o direito marítimo, são consolidadas no decorrer de um longo período histórico. Todavia, em virtude da globalização, em que existe uma transformação no conceito de soberania dos Estados e há maior interdependência, "o transcurso de tempo reduzido não é necessariamente, ou não constitui em si mesmo um impedimento à formação de uma nova norma de direito internacional consuetudinário" (Rezek, 2010, p. 149).

Quanto ao elemento psicológico ou subjetivo, que está ligado diretamente ao elemento material, trata-se da livre convicção do agente de que sua prática está de acordo com as regras de direito. O elemento psicológico, também denominado *opinio juris*, representa o "entendimento, pela convicção de que assim se procede por ser necessário, correto, justo e, pois, de bom direito" (Rezek, 2010, p. 151).

Já o fundamento jurídico dos costumes, de acordo com Rezek (2005), é o mesmo utilizado no DIP: *pacta sunt servanda*.

Os princípios gerais do direito reconhecidos pelas nações civilizadas também são considerados como verdadeiras fontes autônomas de DIP. Há que fazermos uma observação na expressão utilizada no art. 38 do Estatuto da CIJ, a saber: "princípios gerais de direito **reconhecidos pelas nações civilizadas**" (Rezek, 2010, p. 162, grifo do original). Aqui, embora não exista, de certo modo, consenso entre a doutrina, podemos afirmar que a expressão não foi das mais acertadas, uma vez que deixa de fora outros Estados não afetos à cultura ocidental.

Nesse ponto, é importante lembrarmos que a construção do DIP, principalmente após a Segunda Guerra Mundial, é uma construção da sociedade ocidental e, como tal, sofre forte influência do direito europeu continental e dos movimentos de colonização realizados pelas potências europeias nas Américas e na África.

Rezek (2005) exemplifica alguns dos princípios utilizados no DIP nos dias atuais: não agressão, solução pacífica de controvérsias, autodeterminação dos povos. Igualmente podem ser citados o da igualdade soberana entre os Estados, o da não intervenção, o do *pacta sunt servanda* etc.

Uma vez analisadas as fontes principais indicadas no Estatuto da CIJ, passaremos a examinar as fontes auxiliares.

▌Fontes auxiliares

As *fontes auxiliares* são assim designadas porque verdadeiramente não criam regras jurídicas (como as convenções, os costumes e os princípios gerais do direito). Todavia, elas servem de subsídio para melhor interpretar as fontes principais.

A jurisprudência, de acordo com o art. 38 do Estatuto da Corte Internacional de Justiça de Haia, é uma fonte auxiliar, notadamente porque serve como parâmetro para a melhor aplicação de uma fonte principal do direito internacional. Conforme o disposto no art. 59 do mesmo estatuto, as decisões proferidas pela CIJ são obrigatórias somente para as partes envolvidas e não obrigam a terceiros.

Em relação a essa jurisprudência, Rezek (2005), esclarece que "o juiz não legisla" e que, portanto, uma decisão proferida pela CIJ somente pode vincular os Estados litigantes e nunca terceiros Estados. Assim, na hipótese de dúvida ou mesmo de imprecisão em face de uma norma internacional, a jurisprudência é um importante elemento integrador, como forma de melhor interpretar a norma jurídica internacional.

Aqui, devemos levar em consideração que somente podem ser consideradas como fontes auxiliares as jurisprudências de tribunais com jurisdição internacional, tendo como exemplo a própria CIJ (Rezek, 2005).

Também de acordo com o art. 38 do Estatuto da CIJ, a doutrina é considerada fonte auxiliar do DIP e utilizada com as fontes principais como forma de melhor interpretá-las.

Por fim, devemos mencionar que equidade e analogia não são, tipicamente, fontes de DIP. Ainda assim, são mecanismos úteis para "compensar a inexistência de uma norma" ou podem servir de instrumento para encontrar a solução mais justa para a controvérsia analisada (Rezek, 2010, p. 176).

A analogia tem por finalidade a aplicação de determinado caso semelhante como forma de buscar a solução da controvérsia. Já a equidade consiste na aplicação de outras normas jurídicas ou princípios para dirimir determinada controvérsia, na hipótese da inexistência de regra específica ou de regra que não resolva a questão. A Corte somente poderá aplicá-la na hipótese de autorização das partes, tratando-se, igualmente, de uma faculdade dos juízes.

2.2 Demais fontes do direito internacional

Como mencionamos, no DIP existem outras fontes além daquelas estabelecidas no art. 38 do Estatuto da CIJ. Nesse contexto, devem ser destacados os atos unilaterais dos Estados e as decisões das organizações internacionais que, indubitavelmente, têm força para criar direitos e deveres entre os sujeitos de direito internacional.

Relativamente aos atos unilaterais dos Estados, conforme lembra Rezek (2005), uma ratificação, adesão ou denúncia em relação a um tratado geram efeitos jurídicos no DIP. A ratificação de um tratado por parte de um Estado, por exemplo, em decorrência do princípio *pacta sunt servanda*, vincula o Estado em relação ao tratado.

Atos unilaterais dos Estados são conceituados, portanto, como aqueles atos emanados dos Estados, os quais podem criar obrigações como o reconhecimento ou o protesto, e que produzem efeitos jurídicos no direito internacional. Um reconhecimento é o ato por meio do qual um Estado reconhece outro, surgindo, a partir daí, obrigações daquele Estado para com o reconhecido. Já o protesto é aquele ato pelo qual um Estado manifesta a sua não concordância em relação aos direitos de outro Estado.

As decisões das organizações internacionais também são consideradas fontes de direito internacional porque representam os meios e as formas pelas quais os organismos das referidas organizações se manifestam. Normalmente, as decisões que são proferidas no âmbito das organizações internacionais obrigam seus destinatários. Podem ser citadas como exemplo as resoluções que são adotadas pelo Conselho de Segurança da ONU e que têm caráter obrigatório, constituindo-se em verdadeiras normas jurídicas.

2.3 Tratados

Como forma de encerrar o presente capítulo, cumpre destacarmos a importância dos tratados e das convenções internacionais na condição de fontes do direito internacional. Os tratados representam os costumes positivados e, também, aquelas normas de direito internacional que foram negociadas pelos Estados.

Muito embora não se possa falar no DIP de uma verdadeira codificação, ela se faz presente em determinadas matérias, como a Convenção de Montego Bay sobre Direitos do Mar, de 1982.

Contudo, pela grande importância da matéria, uma das principais normas internacionais sobre o tema é a Convenção de Viena sobre o Direito dos Tratados, de 1969. Ela é tão relevante que será tratada no capítulo subsequente, na qualidade de um dos tratados mais importantes para o DIP.

Consultando a legislação

Para melhor compreendermos o tema abordado neste capítulo, é importante considerarmos a leitura dos seguintes dispositivos:

» Art. 4º da Constituição da República Federativa do Brasil:

> Art. 4º A República Federativa do Brasil rege-se nas suas relações internacionais pelos seguintes princípios:
> I – independência nacional;
> II – prevalência dos direitos humanos;
> III – autodeterminação dos povos;
> IV – não-intervenção;
> V – igualdade entre os Estados;
> VI – defesa da paz;
> VII – solução pacífica dos conflitos;

> VIII – repúdio ao terrorismo e ao racismo;
> IX – cooperação entre os povos para o progresso da humanidade;
> X – concessão de asilo político.
> Parágrafo único. A República Federativa do Brasil buscará a integração econômica, política, social e cultural dos povos da América Latina, visando à formação de uma comunidade latino-americana de nações. (Brasil, 1988)

» Estatuto da Corte Internacional de Justiça, disponível em: <http://www.direitoshumanos.usp.br/index.php/Corte-Internacional-de-Justi%C3%A7a/estatuto-da-corte-internacional-de-justica.html>.

» Convenção de Viena sobre o Direito dos Tratados, disponível em: <http://www.planalto.gov.br/ccivil_03/_ato2007-2010/2009/decreto/d7030.htm>.

Síntese

Vimos neste capítulo que as fontes do direito internacional são os meios e as formas por meio dos quais as normas do DIP se manifestam. Elas podem ser materiais e formais, sendo ambas interdependentes (ver Quadro 2.1).

Quadro 2.1 – *Resumo das fontes materiais e formais*

Fontes	Características	Exemplos
Materiais	Podem ser consideradas como as verdadeiras fontes do DIP, pois representam seu conteúdo.	Processos históricos e relações de comércio.
Formais	São os meios e as formas por meio dos quais as fontes formais se exteriorizam.	Tratados.

Verificamos as fontes previstas no art. 38 do Estatuto da CIJ, indicadas no Quadro 2.2.

Quadro 2.2 – Resumo das fontes previstas no art. 38 do Estatuto da CIJ

Fontes principais	Fontes auxiliares
Tratados; costumes (elementos e os elementos objetivo e subjetivo); princípios gerais do direito.	Doutrina; jurisprudência.
Relativamente às fontes principais, não existe hierarquia entre elas.	Servem para melhor interpretar uma fonte principal.

Mostramos também que equidade e analogia não são fontes de DIP, mas uma forma de se julgar dentro da CIJ, com o intuito de buscar uma decisão mais acertada. Elas dependem do consentimento dos Estados e representam uma faculdade da Corte.

Por fim, vimos que as demais fontes do DIP são as decisões das organizações internacionais e os atos unilaterais dos Estados.

Questões para revisão

1) Marque a alternativa **incorreta**:
   a. O art. 38 do Estatuto da CIJ relaciona o que se costuma designar por *fontes do direito internacional público*, a serem aplicadas para a resolução das controvérsias.
   b. Uma vez que a existência de um costume internacional é reconhecida mediante a comprovação de uma "prática geral aceita como sendo o direito", um Estado pode lograr obstar a aplicação de um costume por meio de atos que manifestem sua "objeção persistente" à formação da regra costumeira, a menos que esta tenha caráter imperativo (*ius cogens*).

c. Como o art. 38 do Estatuto da CIJ lista as fontes em estrito nível hierárquico, os tratados devem sempre ter precedência sobre os costumes.

d. O rol das fontes do Estatuto da CIJ não exclui outras fontes.

2) Indique se as afirmações a seguir são verdadeiras (V) ou falsas (F):

( ) A parte que invoca um costume tem de demonstrar que ele está de acordo com a prática constante e uniforme seguida pelos Estados em questão.

( ) Constituem funções da doutrina o fornecimento da prova do conteúdo do direito e a influência no seu desenvolvimento.

( ) O elemento objetivo que caracteriza o costume internacional é a prática reiterada, não havendo necessidade de que o respeito a ela seja uma prática necessária (*opinio juris necessitatis*).

a. V, F, V.
b. V, V, F.
c. F, V, F.
d. F, F, V.

3) Assinale a opção correta com relação às fontes do direito internacional nos termos previstos no Estatuto da CIJ:

a. O costume de determinada nação pode ser usado na resolução de conflitos internacionais.

b. Os tratados internacionais podem ser aplicados por essa Corte na resolução de conflitos, independentemente de serem reconhecidos pelas nações em litígio.

c. A doutrina dos juristas mais qualificados das diferentes nações é meio principal de resolução de conflitos entre países.

d. A Corte da Haia pode decidir um litígio *ex aequo et bono*, ou seja, com base na equidade, desde que haja concordância das partes envolvidas.

4) Para se constatar a existência de um costume, é necessário verificar a presença de quais elementos?

5) Explique o que são *fontes de direito*.

Questões para reflexão

1) Qual é a importância das fontes materiais para o DIP?
2) O que são e quais são as fontes formais do DIP?
3) Ao se comentar sobre os princípios geralmente reconhecidos pelas nações civilizadas como fontes do DIP, quais críticas podem ser apresentadas?
4) Existe hierarquia entre fontes do DIP? Explique.

III

Conteúdos do capítulo:

» Conceito de tratado e procedimentos envolvidos no seu processo de elaboração.
» Condições de validade, efetividade e extinção, conforme disposto na Convenção de Viena sobre o Direito dos Tratados.
» Incorporação dos tratados internacionais no direito brasileiro.
» Conflito existente entre o direito internacional público e o direito interno.
» Tratados.
» Convenção de Viena sobre o Direito dos Tratados, de 1969.
» Hierarquia das normas internacionais, *pacta sunt servanda*, teoria da imprevisão e cláusula *rebuc sic stantibus*.

3.1 Conceito de tratado

Por *tratado* podemos entender o acordo de vontades entre dois ou mais sujeitos de direito internacional. Tal acordo é celebrado por escrito, com o objetivo de produzir efeitos jurídicos sob a égide do direito internacional, independentemente de sua designação específica.

Os tratados são considerados a principal fonte de direito internacional em razão do fato de representarem a vontade dos Estados ou das organizações internacionais, conforme afirma Varella (2011).

Como já mencionamos, essa matéria está regulada pela Convenção de Viena sobre o Direito dos Tratados, datada de 1969. O documento resultou do esforço para estabelecer uma codificação para o direito internacional, transformando temas que, no passado, eram regulados pelo costume em documentos formais e positivados (Guerra, 2013).

Consultando a legislação

Ao longo de todo este capítulo, faremos referência à **Convenção de Viena sobre o Direito dos Tratados**. Ela foi promulgada no Brasil por meio do Decreto n. 7.030, de 14 de dezembro de 2009 (Brasil, 2009). Esse tratado teve sua conclusão em 23 de maio de 1969, com reserva aos arts. 25 e 66.

É impossível aprofundarmos o tema dos tratados sem mencionarmos diversos dos artigos presentes nesse documento. Dessa forma, nós o disponibilizamos no anexo ao final deste livro. Recomendamos que seja realizada a leitura do documento de forma integral. De todo modo, indicaremos, durante o capítulo, os trechos mais importantes, de acordo com a temática abordada.

A Convenção de Viena sobre o Direito dos Tratados estabelece no art. 2º que *tratado* designa um acordo internacional concluído por escrito entre Estados e regulado pelo direito internacional, quer apresente um instrumento único, quer apresente dois ou mais instrumentos conexos, qualquer que seja sua denominação específica. Com base nesse conceito, podemos destacar alguns elementos importantes sobre o assunto:

» **Acordo entre Estados**: Para que um tratado seja concluído, a primeira condição a ser observada é a manifestação de vontade de dois ou mais sujeitos de direito internacional. É necessário destacarmos que a Convenção de Viena de 1969 não considerou expressamente a possibilidade de as organizações internacionais celebrarem tratados. Foi somente com a convenção realizada em 1986 que as organizações internacionais também passaram a poder celebrá-los. Outro ponto que merece destaque é o fato de que, se essa convenção afirma que um tratado é um acordo de vontades, é certa a necessidade de um debate prévio entre os sujeitos de direito internacional. Trata-se da etapa inicial, chamada de *negociação* e que será estudada mais adiante.

» **Celebração por escrito**: Todo tratado internacional requer o cumprimento de certas formalidades, entre elas a celebração do ato formal por escrito, conforme exigência da Convenção de Viena de 1969, no art. 2º. Essa formalidade representa uma condição essencial dos tratados, diferenciando-os dos costumes, que também são muito utilizados em âmbito internacional. A formalização do tratado consigna importantes termos estabelecidos pelas partes após a negociação, para que não restem dúvidas sobre o compromisso assumido.

» **Regulação pelo direito internacional**: Afirmar que o tratado internacional requer sua regulação pelas normas de direito internacional significa que a negociação deve, necessariamente, ocorrer entre os sujeitos de direito internacional, seguindo o regramento e as exigências formais estabelecidos na prática internacional, conforme entendimento de Portela (2012). Essa exigência, por mais óbvia que pareça, existe para diferenciar dos acordos regidos pelo direito interno dos Estados.

» **Instrumento único ou mais instrumentos conexos**: O tratado, além do texto principal, pode conter um ou mais documentos agregados, com o objetivo de complementar a produção do texto principal. Esses instrumentos conexos têm como objetivo esclarecer situações específicas ou de grande complexidade técnica, sem que se comprometa sua unidade. Geralmente, são chamados de *anexos* ou *protocolos adicionais*.

» **Ausência de denominação**: A ausência de denominação específica, tratada de forma expressa pela Convenção de Viena de 1969, significa que a nomenclatura utilizada pode, eventualmente, variar na legislação interna dos Estados. O que realmente importa para a caracterização da existência dos tratados são os requisitos ou elementos essenciais, como os outros elementos já estudados. Nesse contexto, a doutrina aborda a ampla nomenclatura existente, analisando as denominações utilizadas conforme a forma, o conteúdo e as finalidades, como veremos na sequência.

3.2 Nomenclatura dos tratados

Conforme o texto da Convenção de Viena de 1969, o tratado é um gênero que comporta diversas espécies, ou seja, trata-se de uma expressão genérica, que comporta muitas outras denominações (Mazzuoli, 2010).

É comum que os doutrinadores discordem acerca das muitas denominações utilizadas nos documentos firmados pelos sujeitos de direito internacional. Contudo, a designação *tratado*, a mais utilizada, não difere tecnicamente dos demais termos empregados, como *convenção, acordo, pacto, carta, protocolo, declaração* e *ajuste*.

Em regra, a despeito da diversidade formal de nomes consagrados documentalmente, todos têm a mesma identidade jurídica material, conforme preleciona Mazzuoli (2010).

Tomando por base os estudos de Mello (1997, p. 191-199), apresentamos a seguir as designações mais utilizadas na prática:

Tratado – *é utilizado para os acordos solenes, por exemplo, tratado de paz.*

Convenção – *é o tratado que cria normas gerais, por exemplo, convenção sobre mar territorial.*

Declaração – *é usada para os acordos que criam princípios jurídicos ou "afirmam uma atitude política comum" (ex.: Declaração de Paris de 1856).*

Ato – *quando estabelece regras de direito (Ato Geral de Berlim de 1885). Entretanto, existem Atos entre Estados que não são tratados (Ata de Helsinki de 1975), vez que não produzem efeitos jurídicos obrigatórios, mas que têm um caráter normativo no aspecto político ou moral. [...]*

Pacto – *foi utilizado pela primeira vez no Pacto da Liga das Nações. É um tratado solene (Pacto de Renúncia à Guerra de 1928).*

Estatuto – *empregado para os tratados coletivos geralmente estabelecendo normas para os tribunais internacionais (Estatuto da CIJ).*

Protocolo – *normalmente pode ter dois significados: a) protocolo de uma conferência, que é a ata de uma conferência; b) protocolo-acordo – um verdadeiro tratado em que são criadas normas jurídicas (Protocolo de Aquisgrana, de 1818, sobre os ministros residentes). É utilizado neste caso como suplemento a um acordo já existente.*

Acordo – *é geralmente usado para os tratados de cunho econômico, financeiro, comercial e cultural.*

Modus vivendi – *designa um acordo temporário (modus vivendi de 1936 sobre a navegação do Reno).*

Concordata – *são os assinados pela Santa Sé sobre assuntos religiosos. A concordata trata de matéria que seja da competência comum da Igreja e do Estado. [...] Do ponto de vista formal, é um tratado concluído entre dois sujeitos de DI [direito internacional]. [...]*

Compromisso – *utilizado para os acordos sobre litígios que vão ser submetidos à arbitragem.*

Troca de notas – *são os acordos sobre matéria administrativa. Tem mais de um instrumento.*

Acordos em forma simplificada – *ou* **acordos executivos** – *são aqueles que não são submetidos ao Poder Legislativo para aprovação. Muitas vezes, feitos por troca de notas. São concluídos pelo Poder Executivo.*

Carta – *é o tratado em que se estabelecem direitos e deveres (Carta Social Europeia). É uma forma solene. Utilizado também para os instrumentos constitutivos de organizações internacionais (Carta da ONU).*

Convênio – *palavra utilizada para os tratados que versam sobre matéria cultural ou transporte.*

Acomodação *ou* **compromisso** – *palavra não utilizada no Brasil. É um acordo provisório. [...] tem por finalidade regulamentar a aplicação de um tratado anterior.*

Os "gentlemen's agreements" [ou Memorandum of Understanding (MOU)] – *(acordos entre cavalheiros) estão regulamentados por normas morais. São bastante comuns nos países anglo-saxões. A sua finalidade é fixar um "programa de ação política". Não criam obrigação jurídica para o Estado, vez que são assinados em nome pessoal. O acordo não tem caráter oficial.*

Por fim, ainda existe o acordo de sede, que representa um acordo em que um Estado permite a instalação física de uma organização internacional em seu território.

De qualquer modo, o objetivo aqui era apenas enunciar as principais denominações, lembrando que, na prática internacional, as diversas denominações não influenciam o caráter jurídico, como textualmente expresso na Convenção de Viena de 1969: "qualquer que seja a denominação específica".

3.3 Condições de validade dos tratados

Para que um tratado tenha força legal e produza efeitos jurídicos em âmbito internacional, deve obedecer a algumas condições, tais como a capacidade das partes contratantes, a habilitação dos agentes signatários, o objeto lícito e possível e o consentimento mútuo. Veremos cada uma delas em detalhes na sequência.

■ Capacidade das partes contratantes

A regra geral estipulada pela Convenção de Viena de 1969 era que apenas os Estados estavam capacitados para concluir tratados. Essa visão se tornou obsoleta quando da aprovação da Convenção de Viena sobre o Direito dos Tratados entre Estados e Organizações Internacionais ou entre Organizações Internacionais, de 1986. A partir daí, tivemos um alargamento dos entes com capacidade para celebrar tratados.

Existem, ainda, alguns doutrinadores que reconhecem a capacidade de outros sujeitos de direito internacional para concluir tratados. Entre eles, destacam-se a Santa Sé, os beligerantes, os insurgentes, os blocos regionais e o Comitê da Cruz Vermelha. Reiteramos que esse é um posicionamento de alguns doutrinadores, não se tratando de uma opinião unânime.

Nunca é demais esclarecer, ainda, a extensão da capacidade de cada sujeito de direito internacional. Os Estados soberanos têm capacidade ilimitada para assinar tratados, ou seja, podem assinar qualquer tratado. Diferentemente, as organizações internacionais encontram limitações para o estabelecimento desses tratados. Tal limite está descrito no ato constitutivo da organização internacional, sendo esses entes aptos a assinar tratados apenas no âmbito do seu objeto. Em outras palavras, a Organização Internacional do Trabalho (OIT), por exemplo, só assinará tratados que versarem sobre temáticas ligadas, direta ou indiretamente, ao trabalho.

Há ainda divergência doutrinária quanto à extensão dos acordos celebrados por insurgentes e beligerantes. Não podemos esquecer o caso brasileiro: a Constituição pode autorizar as unidades da Federação a realizar tratados específicos, desde que nas suas esferas de competência. Nesse sentido, a Constituição Federal de 1988, em seu art. 52, inciso V, preceitua que "Compete privativamente ao Senado Federal: [...] autorizar operações externas de natureza financeira, de interesse da União, dos Estados, do Distrito Federal, dos Territórios e dos Municípios" (Brasil, 1988).

▪ Habilitação dos agentes signatários

Para que um tratado internacional seja considerado válido, é necessário que as partes contratantes tenham habilitação para poderem negociá-lo e concluí-lo. Em regra, isso acontece pelas mãos dos agentes signatários, chamados de *plenipotenciários*, ou seja, o representante do Estado que tem o poder de representação legal em virtude de um cargo que exerce (por exemplo, o presidente de um país).

No Brasil, o art. 84, inciso VII, da Constituição de 1988 estabelece que é o presidente da República quem tem a competência constitucional para "manter relações com Estados estrangeiros e acreditar seus representantes diplomáticos" (Brasil, 1988). Nesse sentido, fica expresso no texto constitucional que é competência privativa do presidente, na condição de plenipotenciário, acreditar um representante diplomático para que represente o país na ausência dele. Para isso, existe um documento, intitulado *Carta de Plenos Poderes*, que irá conferir os poderes necessários para a representação do país em âmbito internacional.

A Convenção de Viena de 1969, no art. 7º, estabelece:

> 2. Em virtude de suas funções e independentemente da apresentação de plenos poderes, são considerados representantes do seu Estado:
>   a) Os Chefes de Estado, os Chefes de Governo e os Ministros das Relações Exteriores, para a realização de todos os atos relativos à conclusão de um tratado;
>   b) Os Chefes de missão diplomática, para a adoção do texto de um tratado entre o Estado acreditante e o Estado junto ao qual estão acreditados;
>   c) Os representantes acreditados pelos Estados perante uma conferência ou organização internacional ou um de seus órgãos, para a adoção do texto de um tratado em tal conferência, organização ou órgão. (Brasil, 2009)

Assim, podemos entender que algumas pessoas, em razão do cargo ocupado, estão dispensadas da autorização proveniente da Carta de Plenos Poderes. É o caso dos chefes de Estado e de governo, dos ministros das Relações Exteriores e dos chefes de missão diplomática (Guerra, 2013). Além disso, é nulo um tratado feito por pessoa não habilitada para tal ato.

▪ Objeto lícito e possível

Todo tratado, para ser considerado válido, deve ter um objeto lícito e possível. Portanto, os tratados não devem afrontar as normas internacionais já existentes, tampouco violar normas do *jus cogens*. Ainda cabe ressaltarmos que, para terem validade, não podem afrontar a moral, devendo estar em consonância com as normas imperativas de direito internacional.

Portela (2012) explica que os tratados não devem chocar-se frontalmente com as normas internacionais, como no caso de uma convenção ou tratado de direitos humanos que negasse a igualdade entre mulher e homem, situação já consagrada na Declaração Universal dos Direitos Humanos. Nesse sentido, torna-se nulo o tratado que violar a norma imperativa de direito internacional.

Devemos, ainda, assinalar que um tratado não pode ter um objeto impossível de ser executado. Caso isso ocorra, a parte pode pôr fim a ele.

▪ Consentimento mútuo

O consentimento entre os pactuantes é essencial para a validação do tratado. Isso porque ele é essencialmente um acordo de vontades. Entretanto, a vontade, para ser considerada como ato representativo da anuência das partes, deve ser necessariamente livre e isenta de vícios.

Entre esses vícios do consentimento que danificam a validade dos tratados, podemos citar a corrupção do representante do Estado ou mesmo o erro, o dolo e a coação, elementos que estudaremos na sequência.

Em relação ao **erro** como vício do consentimento, dizemos que ele passou a ser admitido por orientação da Convenção de Viena de 1969. Conforme estabelecido em seu art. 48, o erro é caracterizado na seguinte situação:

> 1. Um Estado pode invocar erro no tratado como tendo invalidado o seu consentimento em obrigar-se pelo tratado se o erro se referir a um fato ou situação que esse Estado supunha existir no momento em que o tratado foi concluído e que constituía uma base essencial de seu consentimento em obrigar-se pelo tratado. (Brasil, 2009)

Assim, podemos deduzir que o erro é configurado quando há falta de informação sobre o objeto do tratado ou ante as informações do objeto que não condizem com a verdade, sendo, portanto, um modo de distorcê-la. Conforme o entendimento, o tratado será anulado se o erro atingir a essência do tema central do tratado internacional.

Já o **dolo** ocorre quando há uma informação distorcida intencionalmente, por meio ardil, por má-fé. Esse vício do consentimento se configura quando há vontade livre e consciente de induzir alguém à prática de ato que lhe é prejudicial. Nesse sentido, a Convenção de Viena de 1969 caracteriza o dolo da seguinte forma em seu art. 49:

> Se um Estado foi levado a concluir um tratado pela conduta fraudulenta de outro Estado negociador, o Estado pode invocar a fraude como tendo invalidado o seu consentimento em obrigar-se pelo tratado. (Brasil, 2009)

Desse modo, conforme caracterizado pela Convenção, o dolo se configura quando um Estado é induzido a concluir um tratado pela conduta fraudulenta de outro Estado. Na ocorrência do dolo, o direito internacional tem se posicionado de forma mais severa, por se tratar de um delito. Caso se configure o dolo, acarreta-se a responsabilidade internacional do Estado que o praticou.

A **coação** se configura de duas maneiras: contra a pessoa do representante do Estado ou contra o próprio Estado, com a ameaça ou o emprego da força. É importante termos conhecimento de que a coação contra um Estado ou contra seu representante por meio do uso ou de ameaça de força é uma das causas de nulidade do tratado. Isso ocorre em virtude do fato de que tal ofensa representa violação aos preceitos estabelecidos na Carta da Organização das Nações Unidas (ONU).

Por fim, o **consentimento mútuo sem coação** consiste em que todas as partes concordem com o tratado e estejam cientes de seu conteúdo, podendo sobre eles dar sua opinião e manifestar o desejo ou não de fazer parte do acordo internacional. Por isso, não há imposição para que um Estado faça parte de determinado tratado; do contrário, o documento internacional não terá validade. Nesse sentido, um exemplo encontrado na doutrina é do Tratado de Versalhes (1919), que marcou o fim da Primeira Guerra Mundial, cujas cláusulas foram elaboradas apenas pelos Estados vencedores (Mazzuoli, 2010).

3.4 Estrutura dos tratados

Os acordos formais entre sujeitos de direito internacional público destinados a gerar efeitos jurídicos são chamados de *tratados internacionais*. São uma espécie de acordo estabelecido por normas jurídicas a fim de viabilizar compromissos entre sujeitos de direito do âmbito público internacional. Tais documentos têm formas próprias, podendo apresentar um único instrumento ou mais instrumentos conexos.

O tratado internacional, na condição de documento formal, pode se materializar em duas ou mais peças documentais distintas, conforme afirma Rezek (2010). Porém, não existe uma norma estabelecida ou predeterminada para a elaboração de um tratado. Assim, os Estados têm certa liberdade para estabelecer a negociação sob a forma de um tratado. Cabe aqui fazermos uma observação para fins de reforço do tema: a liberdade dos Estados encontra limite na Convenção de Viena de 1969.

De acordo com a tradição, os tratados são organizados em partes distintas, em peças que se completam. Dessa forma, podemos observar que seu texto é constituído por um preâmbulo e uma parte dispositiva e, eventualmente, é completado por anexos.

■ Preâmbulo

O preâmbulo consiste em uma introdução ao tratado. Nessa parte inicial, em regra, apresenta-se o rol das partes pactuantes e descrevem-se os motivos que ensejaram a elaboração do tratado. É nele, também, que se busca fornecer princípios que visam facilitar a interpretação do documento.

No preâmbulo, começamos fazendo a enumeração dos elementos participantes do tratado, isto é, os Estados e as organizações internacionais. Observamos a presença da expressão *altas partes contratantes* nesse trecho, que, conforme observa Varella (2011), não só especifica os sujeitos, mas também os distingue das pessoas físicas e jurídicas.

Em seguida, apresentamos os *considerandos*. É recorrente, nos tratados internacionais dos mais diferentes temas e assuntos, a presença das expressões *considerando que, convencidos de que, reafirmando que, constatando que*. Assim, os considerandos enunciam os princípios gerais e os valores reconhecidos pelos Estados celebrantes do tratado. Afirma Malheiro (2008) que os considerandos têm como objetivo apontar os motivos para a celebração do tratado.

O texto apresentado no preâmbulo não tem força para obrigar as partes e nem cria compromissos entre os signatários; porém, é de grande valia na interpretação do documento, conforme estabelece manifestação da Corte Internacional de Justiça (CIJ). Esta, inclusive, já se utilizou do conteúdo dos preâmbulos, conforme os seguintes exemplos comentados por Rezek (2010): caso do direito de asilo, caso dos súditos americanos no Marrocos, caso do sudoeste africano.

Dispositivo

O dispositivo representa o texto propriamente dito, ou seja, o corpo do tratado. É elaborado em linguagem jurídica e é a parte em que são definidas as obrigações dos Estados-partes.

Nesse ponto, observamos os compromissos negociados, cuja apresentação se dá por meio de artigos e cláusulas. A apresentação do texto do tratado não segue um padrão específico e nenhum padrão internacional.

Conforme reforça Mazzuoli (2010), o dispositivo é a principal parte do tratado e contém as regras estabelecidas pelas partes, providas de obrigatoriedade jurídica.

Já as cláusulas finais, que são de grande relevância, cuidam de abordar as disposições gerais dos tratados. Elas tratam sobre casos de ratificação, de denúncias ao tratado, da entrada em vigor, de eventual prazo de vigência, de adesão posterior de outros Estados e de reservas ao tratado, respeitando as especificidades de cada tema.

Anexos

Alguns tratados podem conter anexos ou apêndices, a depender da necessidade de alguma explicação pós-textual. Muitas vezes, os anexos servem para complementar a matéria tratada no dispositivo.

Segundo especifica Varella (2011, p. 59), "O anexo tem como objetivo deixar o tratado mais leve, retirando do dispositivo detalhes, números e percentagens que dificultam sua compreensão [...]. De qualquer modo, o conteúdo do anexo é tão obrigatório quanto o conteúdo do dispositivo".

3.5 Classificação dos tratados

Os tratados, conforme a doutrina, recebem diversas classificações. Muitas delas, no entanto, sem qualquer aplicabilidade prática ou valor científico. Como esta obra tem enfoque eminentemente didático, optamos por fazer um recorte temático, abordando somente algumas classificações.

Assim, para nosso estudo, vamos categorizar os tratados com relação ao número de partes contratantes, ao procedimento de conclusão, à execução temporal e à forma de adesão. Veremos, agora, cada uma delas.

■ Número de partes

A forma mais simples de classificação dos tratados se dá com relação ao número de partes contratantes, isto é, com a quantidade de signatários envolvidos. Dessa forma, temos duas possibilidades de tratado:

1. **Bilateral**: Dizemos que um tratado é do tipo bilateral quando envolve apenas dois sujeitos de direito internacional. Também é chamado de *tratado particular*. Esse tipo de tratado pode ser concluído entre um Estado e uma organização internacional ou, ainda, entre duas organizações internacionais (Mazzuoli, 2010). No mesmo sentido, a organização internacional, ao aderir ao tratado, conforme hipótese aventada, ostenta sua personalidade singular, ou seja, personalidade de direito internacional distinta daquela dos Estados que a compõem (Rezek, 2010).

2. **Multilateral** ou **coletivo**: Tem a participação de três ou mais partes. No cenário internacional atual, é cada vez mais comum haver grande número de partes envolvidas nos tratados, por isso esse tipo tem se tornado cada vez mais comum nas relações internacionais. Também podem ser chamados de *tratados plurilaterais* ou *gerais*.

Procedimento de conclusão

No que concerne ao procedimento adotado para a conclusão de tratados, importa-nos saber de que forma ou em que momento ocorre a expressão do consentimento. Nesse processo, destacam-se dois métodos:

1. **Tratados em forma simplificada**: São aqueles concluídos pelo chefe do Poder Executivo, de forma direta, sem aprovação parlamentar. São utilizados para dar mais agilidade e dinamismo às relações internacionais. Esses acordos também podem ser chamados de *acordos executivos* ou *executive agreements*. Essa modalidade requer menos etapas no processo de declaração do consentimento e, em razão de sua forma simplificada, é mais utilizada para acordos que não impliquem no aditamento de novos compromissos.

2. **Tratados de forma solene**: São os tratados que, para sua conclusão, demandam um processo complexo, com diversas etapas de elaboração e mais de um momento de expressão do consentimento. A forma solene é a mais comum para a celebração dos tratados internacionais. Os tratados de forma solene, em geral, seguem uma sequência-padrão:
    a. negociação;
    b. assinatura;
    c. aprovação legislativa estatal;
    d. ratificação ou adesão;
    e. promulgação;
    f. publicação;
    g. depósito.

Esse ritual comporta fases internacionais e fases internas bem distintas, que serão detalhadas mais adiante, na seção 3.6 desta obra.

▪ Execução no tempo

No que se refere à execução dos tratados, a doutrina faz referência a duas formas de execução no tempo, podendo classificá-los em *transitórios* ou *permanentes*:

1. **Transitórios**: São os tratados que criam situações que perduram ao longo do tempo, porém têm realização imediata. Em outras palavras, são tratados que criam situações jurídicas que se prolongam no tempo, mas se exaurem de forma instantânea ou imediata. Para clarear o entendimento, podemos destacar o exemplo dos tratados que estabelecem fronteiras entre Estados, os quais, pela simples publicidade do ato, já têm sua execução concluída; seus efeitos jurídicos, no entanto, perduram no tempo.

2. **Permanentes**: Referem-se aos tratados que têm sua execução prolongada por prazo indeterminado. Para ilustrar tal caso, podemos utilizar o exemplo dos tratados de direitos humanos e os tratados de comércio ou cooperação internacional. Neles a execução não se consuma de imediato; pelo contrário, busca-se sua permanência por tempo indeterminado.

Aqui, o doutrinador Mazzuoli (2010) lembra que é preciso cuidar para não recairmos no erro de acreditar ser a transitoriedade ou a permanência uma característica atinente aos efeitos do tratado.

▪ Formas de adesão

Em relação à possibilidade de adesão posterior de Estados que não figuraram como signatários originais, a doutrina nos apresenta novamente duas possibilidades:

1. **Tratados abertos**: São aqueles que possibilitam a adesão posterior de Estados que não participaram dos debates preliminares nem da conclusão. Um exemplo de fácil visualização é

o caso da ONU: qualquer ente estatal pode aderir a ela, mesmo não tendo participado do processo de sua criação. Outro exemplo importante é o da Convenção de Viena sobre o Direito dos Tratados, que você poderá compreender lendo o art. 83, disponível no Anexo desta obra.

2. **Tratados fechados**: São aqueles que não permitem a adesão posterior de outros Estados. Nesse caso, Portela (2012, p. 106) nos traz um exemplo importante, relembrando o caso do "Tratado de Cooperação Amazônica (TCA), do qual somente os países amazônicos podem participar".

Considerando que um tratado aberto permite a adesão posterior de outros Estados, Rezek (2010, p. 113) afirma que "virtualmente todos os tratados abertos são coletivos, ainda que de modesto porte numérico". Prossegue o doutrinador (2010, p. 113) explicando que "Tratados coletivos normalmente se caracterizam pela paridade dos direitos e obrigações das partes, sem privilégio em favor daquelas que, presentes desde a fase negocial, tenham ingressado em seu domínio jurídico mediante ratificação".

3.6 Processo de formação dos tratados

Sobre o processo de formação dos tratados, cabe destacar que existe uma processualística para a celebração. Ela deve ser observada sob pena de a validade do tratado ser questionada. Em outras palavras, há uma sequência de fases que deve ser respeitada do ponto de vista formal, pois se complementam, alternando fases internas e internacionais, até a entrada em vigor do tratado.

Um olhar cuidadoso sobre as fases de celebração de um tratado, desde seu início até sua conclusão, remete-nos à sequência de sete passos, que veremos a seguir.

Negociação

É a fase inicial do processo de celebração dos tratados. Essa etapa compreende os atos de discussão, negociação e adoção do texto. A negociação abrange um longo processo de tratativas empreendidas por todos os Estados participantes, objetivando elaborar um texto que atenda aos anseios de todos. Conforme estabelecido na Convenção de Viena, no art. 9º, parágrafo 1º (ver Anexo no final do livro), findam-se as negociações quando o tratado está em condições de seguir para as demais fases de celebração.

Assinatura

Esse procedimento visa à autenticação do documento que foi produzido pelas partes. Nessa etapa, todos os Estados-partes atestam que concordam com o documento. Conforme afirma Mazzuoli (2010, p. 209), "a autenticação do texto convencional não é propriamente um ato jurídico *stricto sensu*, [...] mas uma formalidade diplomática de caráter meramente protocolar". Cabe ainda um destaque especial ao texto da Convenção de Viena, que no art. 10 trata sobre a autenticação do texto (ver Anexo).

A assinatura é uma etapa importante, pois evita que um Estado modifique unilateralmente o texto. Via de regra, a assinatura não gera efeitos jurídicos para as partes; apenas representa que estas atestam que o documento reflete o teor do que havia sido negociado e que os Estados-partes se comprometem a encaminhar o documento para a ratificação. A assinatura, então, é a representação da aceitação, já que não há uma vinculação jurídica entre as partes. Essa vinculação, aliás, só ocorrerá na etapa da ratificação.

Quem tem capacidade para assinar tratados?
Podemos também perguntar, em outras palavras: Quais são as autoridades competentes para assinar um tratado em nome do Estado? A regra geral normalmente aceita reconhece como agentes capazes para assinar um tratado: o chefe de Estado, o chefe de Governo, o ministro das relações exteriores e o embaixador. Esses são os agentes capacitados para o ato, na qualidade de plenipotenciários (em razão do cargo que exercem, prescindem de apresentação de qualquer prova ou Carta de Plenos Poderes). Os demais agentes necessitam da Carta de Plenos Poderes, na qual são indicados os poderes concedidos pelo plenipotenciário.

Essa questão está devidamente consignada na Constituição Federal Brasileira em seu art. 84, inciso VIII, no qual se destaca a competência privativa do Presidente da República (Brasil, 1988). Essa previsão legal está alinhada com a prática internacional prevista na Convenção de Viena de 1969 em seu art. 7º (ver o texto da lei no Anexo), que outorga a prerrogativa ao chefe de Estado. Como essa competência é originária, fica dispensada a apresentação da Carta de Plenos Poderes.

Referendo parlamentar

É uma fase interna, cuja exigência está prevista na Constituição Federal, nos arts. 49, inciso I, e 84, inciso VIII. O envio do tratado à apreciação do Congresso Nacional não é automático nem obrigatório. O chefe de Estado pode optar pelo arquivamento do tratado ou submetê-lo à apreciação legislativa.

Somente com a aprovação do Congresso Nacional é possível obter o consentimento definitivo do Estado brasileiro na vinculação ao tratado internacional. Se aprovado pelo Congresso, o tratado segue para a etapa seguinte: a ratificação.

Ratificação

A partir da anuência do Congresso Nacional, o Estado está apto para confirmar o seu compromisso em se vincular pelo tratado. Por meio desse ato unilateral e discricionário, o Estado manifesta definitivamente, no plano internacional, sua vontade e interesse em obrigar-se pelo tratado internacional.

Existem duas situações distintas no processo de ratificação e participação do chefe de Estado e do Congresso Nacional: em uma primeira hipótese, pode ocorrer a não autorização do Congresso para a ratificação do tratado. Sendo assim, o chefe de Estado não pode ratificar o documento. Em uma segunda hipótese, o Congresso Nacional dá sua anuência para a ratificação; nesse caso, o chefe de Estado tem o poder discricionário de ratificar ou não o tratado internacional.

Assim, na ratificação de tratados, o Congresso Nacional aprova, dá anuência, porém, quem procede a ratificação é o presidente da República, o chefe do Poder Executivo (Mazzuoli, 2010). Como a ratificação é um ato discricionário, cabe reiterar que, muito embora o chefe de Estado já tenha a autorização congressual para tal ato, ele não está obrigado a realizá-lo.

Em síntese, a ratificação representa a aceitação definitiva do tratado em âmbito internacional, isto é, é o ato por meio do qual o Estado manifesta a sua vontade em cumprir o tratado.

Na hipótese de não cumprimento, poderá ser responsabilizado internacionalmente. Nesse sentido, convém relembrarmos do disposto nos arts. 26 e 27 da Convenção de Viena sobre Direito dos Tratados (Brasil, 2009). Conforme vimos na Seção 1.1, o art. 26 estabelece a aplicação do princípio *pacta sunt servanda* ("todo tratado em vigor obriga o Estado e deve ser cumprido de boa fé"). Já o art. 27 estabelece que o Estado não pode invocar as disposições de seu direito interno para justificar o descumprimento do tratado. Ambos os dispositivos fundamentam a necessidade de o Estado cumprir os tratados ratificados, sob pena de responsabilização internacional.

Promulgação

É a manifestação da vontade por meio da qual se produz efeito jurídico, ou seja, na promulgação o governo declara ou confirma a existência de um tratado internacional que cumpriu com todas as formalidades internacionais. Nesse ponto, já há acordo com a legislação interna ou local e o documento já está devidamente ratificado.

Assim, tem-se o início da execução desse tratado em âmbito interno. Confirmando esse entendimento, Guerra (2013) afirma que a promulgação é uma etapa em que se comanda a execução do tratado internacional dentro dos limites da jurisdição da competência estatal.

Em suma, o decreto ordena o cumprimento do tratado e determina a publicação no *Diário Oficial da União* (etapa que será especificada na sequência).

Publicação

É a etapa em que se reconhece a possibilidade de aplicação do tratado no âmbito interno do Estado. Em virtude de uma exigência constitucional (o princípio da publicidade), o tratado é numerado e publicado em veículos de imprensa oficial, como o *Diário Oficial da União*. Com isso, todos podem conhecê-lo.

Depósito ou registro

É a última etapa do processo de celebração dos tratados. Tem previsão legal no art. 80, inciso I, da Convenção de Viena sobre o Direito dos Tratados, e no art. 102 da Carta da ONU. Essa etapa estabelece a obrigatoriedade de registro de todos os tratados no secretariado da ONU, objetivando, assim, impedir as possibilidades de uso da diplomacia secreta. Os tratados que não tenham sido depositados na ONU não podem ser invocados junto à organização.

De forma resumida e didática, é possível fazer a representação gráfica das etapas do processo de elaboração dos tratados até o registro na ONU, conforme a Figura 3.1.

Figura 3.1 – Etapas do processo de elaboração dos tratados

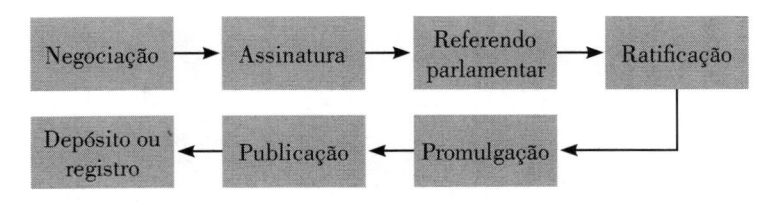

Negociação → Assinatura → Referendo parlamentar → Ratificação

Depósito ou registro ← Publicação ← Promulgação ←

3.7 Reserva aos tratados

A reserva é um instituto cuja previsão está na Convenção de Viena de 1969, no art. 12. Assim, segundo especifica a Convenção, *reserva* é uma declaração unilateral feita por um Estado, com o intuito de alterar ou eliminar determinadas disposições presentes no tratado (Brasil, 2009). Dessa forma, o Estado pode aderir ao acordo evitando conflitos com suas normas internas.

Conforme nos mostra Portela (2012), o instituto das reservas é muito usado em tratados multilaterais. Quando os Estados não conseguem chegar a um consenso durante o processo de negociação, as reservas podem ser utilizadas para a viabilização do tratado, mesmo que este entre em conflito com a legislação interna de algum Estado-parte.

Além disso, "as reservas limitam os efeitos jurídicos do tratado para uma das partes, em relação às demais" (Varella, 2011, p. 79). Assim, fica claro o entendimento de que as reservas são utilizadas para modificar o efeito jurídico de questões pontuais, reflexo de pequenos desacordos, sendo que todo o resto do tratado será exigível.

Por fim, outra questão de suma importância diz respeito aos preceitos contidos no art. 19 e nos seguintes da Convenção de Viena. Neles, expõe-se a possibilidade de se fazerem as reservas. Contudo, isso só pode acontecer em um tratado quando este não vedar essa possibilidade expressamente.

3.8 Extinção do tratado

O tratado internacional, por ser uma das principais fontes do direito internacional, cria direitos e deveres que devem durar por prazo indeterminado. Porém, a sociedade evolui e se modifica, fazendo com que, muitas vezes, um tratado perca sua utilidade. Para esse caso, existem diversas formas, tipificadas na Convenção de Viena, que preveem a extinção de um tratado internacional e o seu desaparecimento do ordenamento jurídico.

Ao ser extinto, o tratado internacional libera as partes de qualquer obrigação relativa ao cumprimento do que nele estava exposto. Há, ainda, o cuidado para que sua extinção não prejudique qualquer situação jurídica criada pelo tratado anteriormente, seja essa situação referente a um direito, seja ela referente a uma obrigação, conforme previsto no art. 70 da Convenção de Viena.

As causas possíveis de extinção de um tratado internacional encontram previsão legal no texto da Convenção de Viena sobre Direito dos Tratados. Essas possibilidades podem ser listadas conforme segue:

» **Execução integral do tratado**: Um tratado internacional pode terminar de diversas formas, sendo que a execução integral é uma delas. Nesse caso, observamos que o fim do tratado decorre da execução completa do que foi estipulado pelas partes. O exemplo trazido por Guerra (2013, p. 103) esclarece essa temática: "pode-se apontar o fato de um determinado Estado A se comprometer em realizar uma atividade em favor do Estado B, e, ao concluir o que havia sido avençado, o tratado dá-se por terminado". Com a ilustração trazida por esse exemplo, fica claro que o tratado se extingue porque se completou a execução dos termos nele estipulados.

» **Expiração do prazo convencionado**: Como o próprio nome especifica, o tratado se encerra porque as partes estabeleceram um prazo para sua vigência. Desse modo, ao chegar à data estipulada, o tratado deixará de produzir os efeitos jurídicos pactuados. Um exemplo dessa cláusula está presente na Declaração Conjunta Luso-Chinesa sobre Macau (Portugal; China, 1988). Essa declaração, ratificada pelos dois países em 1988, reconheceu que Macau seria um território chinês a ser administrado por Portugal e estabelecia que essa condição perduraria até 20 de dezembro de 1999, quando Macau passaria a ser uma região pertencente à China.

» **Verificação de condição resolutória, quando prevista expressamente**: Nesse caso, a extinção do tratado se dá com a realização da condição resolutiva, que é aquela que subordina a extinção de um direito à ocorrência de um determinado evento. Assim, quando da verificação de determinado fato estipulado previamente no tratado, tem-se a extinção do acordo internacional.

» **Acordo mútuo entre as partes**: Aqui, temos a vontade comum dos signatários imperando sobre os termos. Em face da dificuldade de se obter a unanimidade em tratados multilaterais, muitas vezes, o documento contém a previsão de que ele pode deixar de existir pela vontade da maioria de seus membros. Tudo depende de como o texto do tratado estipula tais normas, conforme descreve Rezek (2010). Ainda pode haver a possibilidade de as partes acordarem em aderir a um novo tratado que dispõe de forma distinta do anterior, reconhecendo, então, o fim do mais antigo, conforme descrito nos arts. 54 a 57 da Convenção de Viena de 1969.

» **Renúncia unilateral**: Esse caso pode acontecer quando o tratado permitir, por meio de uma cláusula, que uma das partes se retire de forma unilateral. Também inclui a situação em que um tratado objetiva beneficiar um Estado e este não mais se interesse por receber tal benefício. Nesse caso, o tratado será extinto por renúncia do beneficiário (Varella, 2011).

» **Denúncia, quando admitida no tratado, expressa ou tacitamente**: Nesse caso, o tratado se extingue por força da saída de um Estado. A denúncia é expressa quando a parte se manifesta de forma clara ou por escrito. A forma tácita ocorre quando o Estado adere a outro tratado que é contrário ao tratado em questão, conforme expresso nos arts. 54 e 59 da Convenção de Viena.

» **Guerra**: Quando os Estados estão diretamente envolvidos em um conflito armado, os tratados internacionais deixam de ser exigidos. Podemos dizer que vale a expressão *"inter arma silent leges"*, usada por Norberto Bobbio na obra *Era dos direitos* (Bobbio, 2004). A expressão a seguir representa claramente o que acontece com os tratados em período de guerra: "durante os conflitos, as leis são cegas". Quando as guerras falam, as leis se calam. Assim, quando as partes estão efetivamente envolvidas em um conflito armado, as obrigações dos tratados multilaterais ficam suspensas. Para os demais Estados, inclusive os aliados, o tratado continua em vigor.

» **Prescrição liberatória**: Extingue a responsabilidade internacional do Estado quando se verifica um silêncio ou uma inação (não utilização do tratado quando este se fazia necessário) por parte dele durante um período de tempo mais ou menos longo. Nesse caso, já existe jurisprudência arbitral que indica a necessidade de que o Estado invoque o preceito da prescrição liberatória para ter validade.

» **Ruptura das relações consulares e diplomáticas**: Só se verifica a extinção de um tratado por quebra nas relações entre os Estados se a existência destas for imprescindível para a realização do tratado. Esse preceito é parte da noção expressa no art. 74 da Convenção de Viena, que dispõe sobre a continuidade de tratados mesmo que ocorra o rompimento das relações consulares ou diplomáticas, pois os tratados não devem influir de forma direta sobre tais relações.

» **Perda do objeto do tratado**: Ocorre nas situações em que o cumprimento do tratado não se torna mais possível em virtude da perda de seu objeto, o que o torna inexequível. Na referida hipótese, a culpa não poderá ser atribuída a nenhum dos Estados. A matéria encontra-se definida no art. 61 da Convenção de Viena, que estabelece a possibilidade de extinção do tratado ou possibilita a retirada de um dos Estados nos casos de desaparecimento do objeto do tratado, o que o torna inexequível. Finalmente, o Estado que deu ensejo à impossibilidade do tratado não poderá invocar tal exceção, na hipótese de violação a uma norma de direito internacional ou do tratado.

» **Cláusula *rebus sic stantibus***: Em determinadas hipóteses, o tratado se extingue não porque houve a perda de seu objeto. Pelo contrário, o tratado continua vigente, inclusive em relação a esse objeto. Todavia, em virtude de uma condição ou situação nova e imprevisível, a sua continuidade torna-se excessiva para uma das partes, de forma a alterar significativamente as condições dos Estados dentro do tratado. É um caso de mudança circunstancial que gera uma impossibilidade de cumprimento do tratado. Isso ocorre quando da manifestação de vontade entre os Estados, a qual era desconhecida pelas partes no momento da conclusão do tratado. De acordo com o art. 62 da Convenção de Viena, a referida mudança nas circunstâncias deve ser totalmente desconhecida pelas partes no momento da formação de vontade para a conclusão do tratado. Trata-se, em verdade, de uma situação que poderá ensejar três possibilidades: a) revisão do tratado; b) extinção do tratado; ou c) suspensão temporária do tratado. Assim, se a execução do tratado torna-se impossível, a Convenção de Viena dá aos Estados o direito de se desvincular do compromisso.

» **Norma de *ius cogens****: De acordo com a Convenção de Viena sobre o Direito dos Tratados, *ius cogens* é uma norma com grande grau de imperatividade. Tamanha é a sua força que ela somente poderá ser derrogada por outra norma de *ius cogens* de igual hierarquia. A Convenção de Viena, por outro lado, no art. 53, reconhece a nulidade dos tratados que estiverem em conflito com uma norma imperativa de direito internacional reconhecida pela comunidade internacional. Já o art. 64 estabelece que, na hipótese do surgimento de uma norma de *ius cogens* contrária a um tratado vigente, este último torna-se nulo e extingue-se.

---

*   A exemplificação de uma norma de *ius cogens*, para o direito internacional, não é pacífica, notadamente porque a própria Convenção de Viena sobre o Direito dos Tratados de 1969 não traz um conceito expresso. Ainda que polêmica, a doutrina do direito internacional pode exemplificar como normas de *ius cogens* determinados tratados e normas de direitos humanos, como a Declaração Universal dos Direitos Humanos de 1948, o Pacto Internacional sobre Direitos Civis e Políticos e o Pacto Internacional sobre Direitos Econômicos, Sociais e Culturais, ambos de 1966.

3.9 Tratados normativos e tratados de direitos humanos

No Brasil, verificam-se duas realidades distintas: uma para os tratados de **caráter normativo** e outra para os tratados que versam sobre **direitos humanos**. São duas formas de recepção ou de internalização dos tratados, cada uma com reflexos distintos no sistema nacional.

No caso de um tratado internacional versar sobre assuntos gerais – sendo, portanto, um tratado de caráter normativo –, ele terá força infraconstitucional, *status* de lei interna subordinada à Constituição. Isso significa que, para aprovação do tratado internacional cujo tema não seja específico ou relacionado a direitos humanos, deve-se seguir os mesmos procedimentos adotados para a aprovação de uma lei. Em outras palavras, o tratado deverá ser incorporado por meio de sua promulgação e posterior publicação no *Diário Oficial da União*, o que confere ao ato força obrigatória dentro dos limites nacionais.

Esse é um procedimento complexo e envolve o Congresso Nacional, onde a matéria será discutida nas duas casas: na Câmara dos Deputados e, em seguida, no Senado.

Por estarem no mesmo plano de validade das leis, os tratados internacionais estão sujeitos ao controle de constitucionalidade. Porém, aqueles que versarem sobre direitos humanos terão valor normativo distinto.

Por força da Emenda Constitucional n. 45, de 30 de dezembro de 2004 (Brasil, 2004), os tratados internacionais que versarem sobre direitos humanos e que forem aprovados devem seguir um rito especial: devem ser aprovados em cada casa do Congresso Nacional, necessariamente em dois turnos e por três quintos dos votos dos respectivos membros. Se isso se verificar, os tratados internacionais serão equivalentes às emendas constitucionais, conforme assegura o parágrafo 3º do art. 5º da Constituição Federal de 1988.

Em face dessa modificação, os tratados internacionais sobre direitos humanos possuem níveis de escalonamento hierárquico distintos dos demais tratados normativos dentro do ordenamento jurídico nacional. Esse assunto consagrou a possibilidade de as normas internacionais alcançarem *status* condizentes com sua importância.

Síntese

Para concluir nosso estudo deste capítulo, podemos organizar um grande levantamento sobre o assunto. Acompanhe o Quadro 3.1.

Quadro 3.1 – Resumo sobre tratados

Definição	» Acordo de vontades. » Forma escrita e demais formalidades da Convenção de Viena de 1969. » Elaboração dos sujeitos de direito internacional público (Estado/organizações internacionais). » Objeto lícito e possível. » Acordo de direitos e obrigações regido pelo direito internacional.
Condições de validade	» Capacidade das partes contratantes: sujeitos de direito internacional público (Estados, organizações internacionais). » Habilitação dos agentes signatários: chefe de Estado, chefe de governo, ministro das relações exteriores, representantes acreditados pelos Estados por meio da Carta de Plenos Poderes. » Objeto: lícito e possível, não deve violar normas internacionais existentes. » Consentimento mútuo: expressão da vontade, livre e desimpedida, sem vícios (erro, dolo, coação ou corrupção do representante do Estado).

(continua)

(Quadro 3.1 – conclusão)

Estrutura	» Preâmbulo: traz a introdução do tratado e contém elementos que facilitam a interpretação. » Dispositivo: corresponde ao texto do tratado e é onde se encontram os compromissos assumidos. » Anexos: são a complementação do tratado e o tornam de fácil compreensão.
Processo de formação	» Negociação. » Assinatura. » Referendo parlamentar. » Ratificação. » Promulgação. » Publicação. » Depósito.
Casos de extinção	» Execução integral do tratado. » Expiração do prazo convencionado. » Verificação de condição resolutória, quando prevista expressamente. » Acordo mútuo entre as partes. » Renúncia unilateral. » Impossibilidade de execução. » Denúncia, quando admitida no tratado, expressa ou tacitamente. » Guerra. » Prescrição liberatória. » Ruptura das relações consulares e diplomáticas.

Já em relação à classificação dos tratados, podemos acompanhar a revisão elaborada no Quadro 3.2.

Quadro 3.2 – Revisão da classificação dos tratados

Número de partes	Procedimento de conclusão	Execução	Adesão
Bilaterais	Forma simplificada	Transitórios	Abertos
Multilaterais	Forma solene	Permanentes	Fechados

Questões para revisão

1) Assinale a alternativa correta:
   a. O tratado internacional é um acordo formal que pode ser celebrado por Estados soberanos, por organizações internacionais, por empresas privadas, por beligerantes, pela Santa Sé, além de outros entes internacionais.
   b. O tratado internacional, no seu processo de conclusão, passa somente pelas seguintes fases: negociação, assinatura, retificação, promulgação e publicação.
   c. Compete privativamente ao Senado Federal celebrar tratados, convenções e atos internacionais.
   d. São formas de extinção do tratado internacional: execução integral do tratado, condição resolutória, guerra, denúncia unilateral, entre outras.

2) Indique se as afirmações a seguir são verdadeiras (V) ou falsas (F):
   ( ) Os direitos e as garantias expressos na Constituição Federal excluem outros decorrentes do regime e dos princípios por ela adotados, ou dos tratados internacionais em que a República Federativa do Brasil seja parte.
   ( ) Considera-se aperfeiçoado e obrigatório o tratado internacional multilateral com ratificação.
   ( ) A interpretação de uma cláusula de um tratado deverá levar em consideração o sentido comum atribuível aos seus termos, entendidos no contexto do tratado, do seu objetivo e de sua finalidade, bem como considerar seu preâmbulo e eventuais anexos.

a. V, F, V.
b. V, V, F.
c. F, V, F.
d. F, F, V.

3) Assinale a afirmação **incorreta**:

   a. A Convenção de Viena sobre o Direito dos Tratados de 1969 conceitua *tratado* como o acordo internacional concluído por escrito entre Estados e regido em conformidade com o direito internacional, desde que sua denominação se inicie por um dos seguintes termos: *tratado, acordo* ou *pacto*.
   b. O tratado internacional é considerado obrigatório quando se atinge o *quorum* de ratificações previsto por ele.
   c. Como regra, um Estado não pode invocar as disposições de seu direito interno para justificar o inadimplemento de um tratado, salvo na hipótese de violação manifesta a norma de direito interno de importância fundamental sobre competência para concluir o tratado.
   d. Compete privativamente ao Presidente da República celebrar tratados, convenções e atos internacionais, ainda que estes fiquem sujeitos a referendo do Congresso Nacional. No entanto, compete exclusivamente ao Congresso resolver definitivamente sobre tais regramentos jurídicos (tratados, acordos ou atos internacionais) quando estes acarretarem encargos ou compromissos gravosos ao patrimônio nacional.

4) Quando um tratado internacional torna-se nulo?

5) O que é a ratificação de um tratado?

Questões para reflexão

1) O que é *tratado*?

2) Em que circunstâncias o Estado não pode ratificar um tratado com reservas?

3) O que define a obrigatoriedade do cumprimento de um tratado internacional?

4) Quais são os principais modos de extinção de um tratado internacional?

IV

Conteúdos do capítulo:

» Debate e análise da personalidade jurídica internacional.
» Dinâmica da sociedade.
» Cenário internacional contemporâneo.

4.1 Características

Sujeito de direito internacional público (DIP) é todo ente que tem personalidade jurídica para atuar de forma direta ou indireta em âmbito internacional. A personalidade associa-se à aptidão do sujeito para assumir a titularidade de direitos e obrigações em âmbito internacional.

Nas palavras de Braga (2009, p. 73), "o sujeito de direito internacional é a entidade jurídica que goza de direitos e de deveres previstos pelo direito internacional e que tem capacidade de atuar na esfera internacional para exercê-los".

Já sabemos que o sujeito de direito internacional é aquele que tem relação direta e imediata com a norma internacional, não necessitando de intermédio ou interferência do Estado para que os efeitos de seus atos se projetem na esfera jurídica internacional, conforme ensinamentos de Mazzuoli (2010).

Dessa noção básica extraímos a característica jurídica principal dos sujeitos de DIP, ou seja, a qualidade que atribui aos Estados e às organizações internacionais:

» a capacidade para a celebração de tratados;
» a capacidade para gozar de privilégios e imunidades;
» a capacidade para atuar diretamente nas demandas internacionais.

A doutrina ainda apresenta uma pequena distinção no tocante à personalidade dos sujeitos de DIP. Sendo assim, a personalidade jurídica internacional pode ser:

» **originária** (ou **original**) – refere-se aos Estados;
» **derivada** (ou **não originária**) – refere-se às organizações internacionais.

No caso das organizações internacionais, a personalidade jurídica internacional decorre da concessão feita pelos Estados-membros com os quais não se confundem. Em outras palavras, as organizações internacionais têm personalidade jurídica distinta dos Estados que a compõem.

Cabe ainda esclarecer que a maioria dos autores fala em *personalidade jurídica internacional* (em vez de apenas *personalidade internacional*) para apresentar a condição jurídica essencial aos sujeitos do DIP (Estados e organizações internacionais).

4.2 Estados soberanos

O **Estado** é entendido por todos os doutrinadores como o principal sujeito de DIP, sendo por isso também chamado de *sujeito clássico*, *originário* ou *tradicional*, já que exerce primazia em face dos "novos sujeitos".

A atuação e a importância do Estado como sujeito de DIP decorrem de sua ampla atuação e plena capacidade jurídica, ou seja, da habilidade de munir-se de direitos e obrigações (Varella, 2011).

A Convenção de Montevidéu sobre os Direitos e Deveres dos Estados, datada de 1933 (Brasil, 1937), dispõe que o Estado, sujeito de direito internacional, necessita preencher os seguintes requisitos imprescindíveis para sua estruturação: população permanente; território determinado; governo e capacidade de entrar em relações com os demais Estados. Por conta disso, atribui-se ao Estado personalidade internacional originária.

Sobre os elementos constitutivos do Estado, cabe destacar que o elemento **povo** corresponde à face humana do ente estatal, ou seja, é o conjunto de indivíduos nacionais e estrangeiros vinculados juridicamente a ele.

O elemento **território**, por sua vez, corresponde ao espaço geográfico no qual o Estado exerce suas competências soberanas. Tem três dimensões básicas: terrestre, aérea e marítima.

Também se soma a esse conjunto o elemento **governo**, que está relacionado com a autoridade responsável pelo exercício do poder político dentro do Estado.

Da inter-relação entre os três elementos mencionados, surge a noção de **soberania**, conceito objeto de intensas discussões na doutrina internacional e que nada mais significa que um poder superior que se manifesta de forma interna e de forma externa.

Em resumo, o Estado corresponde ao contingente humano, estabelecido permanentemente em um território determinado e sob a organização de um governo independente.

4.3 Organizações internacionais

Organizações internacionais são entidades internacionais criadas pelos Estados para auxiliar na resolução de questões relevantes ao direito internacional. Essa formação ocorre por meio de tratados que atribuem personalidade jurídica internacional para seus entes. É importante ressaltar que a personalidade jurídica das organizações internacionais é distinta da dos seus Estados-membros.

Podemos dizer que a formação das organizações internacionais é reflexo da sociedade moderna. Os Estados, ao perceberem as dificuldades em resolver grandes problemas da humanidade, criaram essas entidades internacionais para que os auxiliassem em questões relevantes ao direito internacional.

Outro fator que ensejou a criação de tais organizações foi a percepção, por parte dos Estados, da necessidade cada vez maior de cooperação internacional. Some-se a isso a prevalência de interesses comuns que perpassam por todos os Estados.

As organizações internacionais possuem ampla capacidade de atuação em âmbito internacional, sendo, portanto, sujeitos de DIP, com capacidade para celebrar tratados com Estados e com outras organizações internacionais.

4.4 O indivíduo como sujeito de direito internacional público

O direito internacional clássico reconhecia como sujeito de direito internacional apenas os Estados. Posteriormente, as organizações internacionais também foram reconhecidas. A **pessoa humana** não fazia parte desse seleto rol, sendo apenas objeto das normas internacionais. Assim, o indivíduo só participava do âmbito internacional por intermédio do Estado ou sendo representado por ele.

Isso começou a mudar com as grandes violações aos direitos humanos, que resultaram em sucessivos tratados internacionais visando à proteção da pessoa e à responsabilidade penal internacional. A partir de então, surgiu a internacionalização dos direitos humanos, e assim o indivíduo passou a ser destinatário de inúmeras normas internacionais. Além disso, passou a ter acesso a sistemas internacionais quando da violação dos seus direitos.

Nesse panorama, teve importância o Estatuto de Roma (Brasil, 2002), de 1998, que instituiu o Tribunal Penal Internacional. Por meio desse tribunal, a pessoa humana passou a ter, além de direitos, obrigações no plano internacional. Assim, consagrou-se também a responsabilidade criminal internacional dos indivíduos.

Tomando como base as questões expostas, percebemos ser inquestionável a participação da pessoa humana no cenário internacional. Essa atuação permite que o indivíduo seja considerado um sujeito de direito internacional, dotado de personalidade, muito embora a pessoa humana tenha capacidade limitada, pois não participa da elaboração do acervo normativo internacional (Mazzuoli, 2010).

Se os indivíduos podem ser responsabilizados no cenário internacional, é porque têm personalidade internacional, portanto, são considerados sujeitos do direito internacional.

4.5 Entidades afins

Diversas são as entidades que participam do cenário internacional, que também são reconhecidas por alguns doutrinadores como sujeitos de direito internacional. Essa realidade é reflexo da multiplicidade de atores internacionais e da própria evolução das relações que vêm se estabelecendo.

Segundo essa concepção mais moderna de direito internacional, o Estado e as organizações internacionais não são os únicos atores na sociedade internacional. Outros sujeitos, muito embora não tenham a mesma capacidade no tocante à celebração de tratados, atuam de forma indireta no cenário internacional. Cabe aqui destacarmos alguns desses sujeitos: os beligerantes, os insurgentes, a Cruz Vermelha e a Santa Sé. Nas próximas seções, você conhecerá as características de cada um desses sujeitos.

Beligerantes

Os **beligerantes** são reconhecidos como grupos armados da sociedade. Eles organizam movimentos contrários ao governo, objetivando a criação de um novo Estado ou buscando tomar o poder existente.

A doutrina internacional vem reconhecendo os beligerantes como entes capazes de gozar de direitos e assumir obrigações em âmbito internacional.

O estado de beligerância é reconhecido pelos demais entes da sociedade internacional. Esse reconhecimento de um movimento como sendo beligerante tem natureza jurídica declaratória; consiste em ato discricionário do Estado, geralmente feito por meio de uma declaração de neutralidade.

O reconhecimento do estado de beligerância traz consequências diretas para os Estados envolvidos. Se houver o reconhecimento, o ente estatal que abriga o grupo beligerante fica isento de eventual responsabilização internacional decorrente dos atos deste. Além disso, terceiros Estados se tornam obrigados a respeitar os deveres intrínsecos à neutralidade. Além disso, os beligerantes têm por obrigação observar as normas próprias dos conflitos armados.

O exemplo clássico de grupo beligerante dado pela doutrina é o caso histórico dos confederados da Guerra de Secessão dos Estados Unidos, ocorrida entre 1861 e 1865.

■ Insurgentes

Os **insurgentes** também são grupos armados da sociedade civil que se revoltam contra o governo. No entanto, suas ações não assumem a mesma proporção da beligerância: a insurgência ocorre em guerras internas com a finalidade de mera modificação do sistema político vigente.

O reconhecimento do estado de insurgência é ato discricionário do Estado, dependendo da aceitação deste. Tal fato muitas vezes é importante em face da necessidade do Estado de responder internacionalmente pelas ações e pelos atos dos insurgentes. Além disso, também existe a obrigação de respeitar as regras internacionais de cunho humanitário.

■ Cruz Vermelha

A **Cruz Vermelha** foi fundada por iniciativa de Henri Dunant, em 1863, com sede em Genebra, na Suíça. A proposição inicial do seu fundador era a criação de uma instituição capaz de impedir a multiplicação de atos sangrentos como aqueles que Dunant havia presenciado na Batalha de Solferino, em 1859. Esse confronto, que buscava a unificação da Itália, teve como marca fundamental soldados feridos e mortos que ficavam no campo de batalha sem qualquer assistência.

Buscando proteção e assistência humanitária, junto com algumas outras pessoas, Dunant fundou o Comitê Internacional para Ajuda aos Militares Feridos. Assim, criou medidas efetivas de proteção às vítimas de guerra. Esse foi o embrião do Movimento Internacional da Cruz Vermelha e do Comitê Internacional da Cruz Vermelha (CICV).

Esse movimento internacional humanitário é de grande importância para a sociedade internacional. A característica marcante da Cruz Vermelha é sua neutralidade e imparcialidade, não estando vinculado a nenhum Estado. Inclusive, o objetivo da Cruz Vermelha Internacional se ampliou de forma significativa, sendo que, na atualidade, o movimento busca a proteção da vida e da saúde humana por meio da prevenção do sofrimento, sem qualquer discriminação.

O fato de a Cruz Vermelha Internacional ter capacidade limitada se comparada com a capacidade dos Estados não desmerece ou diminui a importância das suas atividades humanitárias. Isso se comprova na prática por meio da proteção contra qualquer tipo de violência em locais marcados com o símbolo que representa a Cruz Vermelha.

Santa Sé

A **Santa Sé** (também chamada de *Sé Apostólica*) representa a cúpula do governo da Igreja Católica e tem como autoridade máxima o papa (Mazzuoli, 2010). Seu governo foi criado pelo Tratado de Latrão, em 1929, e está sediado na Cidade do Vaticano.

O Estado da Cidade do Vaticano figura entre os sujeitos de direito internacional na sua condição de Estado. Embora não seja tecnicamente um Estado, ele mantém relações internacionais com os demais sujeitos. Como vimos anteriormente, para figurar como sujeito de direito internacional na condição de Estado, é necessário preencher os requisitos essenciais. No caso da Santa Sé, porém, existe uma clara falha no elemento pessoal, por falta de nacionais no Vaticano. Porém, a doutrina entende que lá existe população composta por italianos e pessoas de outras nacionalidades. Essa mitigação só é possível graças à importância histórica e à relevância moral da entidade para a sociedade internacional.

Em suma, o Estado da Cidade do Vaticano pode ser entendido como um Estado ou estrutura a serviço da Santa Sé. É importante ressaltar que o direito internacional jamais negou à Santa Sé a capacidade jurídica de agir em âmbito internacional. Portanto, ela tem capacidade para celebrar tratados com outros Estados.

O empecilho fica por conta da finalidade espiritual a que se destina esse sujeito, que acaba por não ter participação em algumas das organizações internacionais.

4.6 Novos sujeitos de direito internacional

Além dos sujeitos já estudados – os chamados *sujeitos formais* –, existem também os *sujeitos não formais*. Eles são chamados assim por estarem à margem do direito internacional, ou seja, não **participam** de forma direta, mas exercem **influência** direta nas decisões internacionais.

Parte da doutrina cita as empresas transnacionais e as organizações não governamentais (ONGs) como sujeitos não formais. Essa questão não é pacífica entre os doutrinadores, entretanto, existe uma forte tendência em reconhecer a importância dessas entidades no cenário internacional.

Devemos relembrar, no entanto, que, para o direito internacional clássico, tanto as empresas transnacionais como as ONGs ainda não possuem personalidade e capacidade jurídica de direito internacional. Isso significa que elas não podem ser consideradas sujeitos de direito internacional, muito embora reconheça-se a relevância e a importância das atividades que desempenham.

De todo modo, vamos considerá-las como novos sujeitos e analisá-las a seguir.

▇ Empresas transnacionais

As **empresas transnacionais**, geralmente conhecidas como *empresas multinacionais*, são empresas internacionais com foco comercial e que exercem suas atividades em diversos Estados. Desse modo, é inegável a atuação dessas grandes empresas no atual cenário internacional, a influência delas sobre o comportamento dos Estados e sua importância no direito internacional econômico.

A doutrina majoritária é pacífica em afirmar que as empresas transnacionais não têm personalidade jurídica, portanto, não possuem capacidade para concluir tratados e outros atos internacionais tal qual um Estado soberano ou uma organização internacional.

Por isso, as empresas transnacionais são consideradas novos sujeitos ou sujeitos não formais, pois são atores de direito internacional sem chegarem a ser sujeitos de direito internacional. Isso porque, ainda que não atuem de forma direta, sua influência sobre os Estados, em especial os menos favorecidos economicamente, representa grandes impactos na ordem econômica internacional.

Organizações não governamentais

As **organizações não governamentais (ONGs)** também desenvolvem um importante papel no direito internacional. Elas são entidades privadas sem fins lucrativos que atuam nas mais diversas áreas.

As ONGs assumiram o papel de promover e fiscalizar a aplicação de normas internacionais nas mais variadas áreas, como no caso dos direitos humanos e do meio ambiente. Desse modo, a atuação das ONGs no cenário internacional vem se caracterizando como uma força de pressão.

Elas não podem, entretanto, celebrar tratados e outros atos internacionais. Por isso, a doutrina vem reconhecendo sua atuação como de atores na sociedade, mas não de sujeitos do direito internacional. Assim como as empresas transnacionais, elas são vistas como novos sujeitos ou sujeitos não formais.

Muitas são as ONGs conhecidas na sociedade internacional: o Greenpeace, a World Wide Fund for Nature (WWF), a Human Rights Watch, o Comitê Olímpico Internacional (COI), a Médicos sem Fronteiras (MSF), entre outros.

Síntese

Neste capítulo, você aprendeu quais são os sujeitos do DIP e analisou o papel de cada um deles dentro do cenário internacional contemporâneo. Para conseguirmos sintetizar o assunto de maneira apropriada, organizamos o Quadro 4.1. Observe-o:

Quadro 4.1 – Resumo dos sujeitos do DIP

Clássicos	» Reconhecidos por todos os doutrinadores. » Têm ampla capacidade de atuação em âmbito internacional. » Têm capacidade para assinatura de tratados internacionais e acesso aos mecanismos internacionais de solução de controvérsias.
Estados soberanos	» Sujeitos originários de direito internacional. » São constituídos pelos seguintes elementos: povo, território e governo.
Organizações internacionais	» Sujeito derivado de direito internacional. » Formado em decorrência da união dos Estados em torno de um objetivo comum.
Indivíduo	» Em face das normas de proteção internacional, a pessoa humana, o indivíduo passou a ser titular de direitos e obrigações em âmbito internacional. » A participação, ainda que limitada, é considerada por alguns doutrinadores como passível de atribuir capacidade internacional. » Não podem assinar tratados.

(continua)

(Quadro 4.1 – conclusão)

Entidades afins	» Aquelas em que não existe uma unanimidade entre os doutrinadores sobre sua importância ou atuação em âmbito internacional. » De maneira geral, não podem assinar tratados.
Beligerantes	» Movimentos contrários ao governo. » Objetivam conquistar o poder ou criar um novo Estado.
Insurgentes	» Grupos da sociedade que se revoltam contra o governo, mas com ação mais branda que os beligerantes. » Têm atuação limitada em âmbito internacional.
Cruz Vermelha	» Organização criada para atendimento de feridos em situação de guerra. » Sua atuação se ampliou significativamente e atualmente desenvolve um importante papel no direito internacional.
Santa Sé	» Sujeito cujas personalidade e capacidade são questionáveis por alguns doutrinadores. » É sujeito de direito internacional e pode assinar tratado.
Empresas transnacionais	» São sujeitos que têm sua atuação muito questionada pelos doutrinadores. » Têm papel e importância inquestionáveis. » Não têm capacidade para assinar tratados.
ONGs	» São entidades privadas, sem fins lucrativos, que têm importante atuação em âmbito internacional. » Não podem assinar tratados.

Questões para revisão

1) Segundo a doutrina, assinale a alternativa que **não** corresponde a sujeito de direito internacional público (DIP):
   a. A Santa Sé.
   b. O Estado soberano.
   c. A organização internacional.
   d. A empresa pública.

2) Indique se as afirmações a seguir são verdadeiras (V) ou falsas (F):
( ) A personalidade jurídica do Estado é originária, conforme entendimento da doutrina.
( ) Segundo entendimento doutrinário vigente, a personalidade jurídica das organizações internacionais é derivada.
( ) O direito das gentes não identifica a personalidade jurídica das organizações internacionais, uma vez que é aplicado especialmente aos Estados, que detêm natureza jurídica definida por elementos de direito público.
a. V, F, V.
b. V, V, F.
c. F, V, F.
d. F, F, V.

3) Sobre os sujeitos de direito internacional, assinale a opção correta:
a. Os sujeitos de direito internacional, como os Estados soberanos, são detentores de direitos internacionais, mas não de deveres, de forma que podem descumprir livremente tratados e outros documentos da esfera internacional.
b. O Vaticano é um exemplo clássico de sujeito de direito internacional.
c. As empresas transnacionais, apesar de serem importantes atores internacionais, mormente nos dias atuais, não podem ser reconhecidas como sujeitos de direito internacional clássico.
d. ONGs como o Greenpeace podem assinar tratados internacionais correspondentes à sua área de atuação da organização (meio ambiente, por exemplo).

4) O Estado é o principal sujeito de direito internacional. Para ser considerado *sujeito*, quais são os elementos que o Estado necessariamente deve ter?

5) A pessoa humana pode ser considerada sujeito de direito internacional? Justifique sua resposta.

Questões para reflexão

1) Diferencie *personalidade jurídica originária* de *personalidade jurídica derivada* e exemplifique.

2) Qual é a natureza jurídica do ato que reconhece um movimento como *beligerante*?

3) Quais são as principais atribuições do Comitê Internacional da Cruz Vermelha (CICV)?

4) Qual a diferença entre *insurgência* e *beligerância*?

Consultando a legislação

É importante termos acesso ao decreto acerca das convenções assinadas em Montevidéu, em 26 de dezembro de 1933, por ocasião da Sétima Conferência Internacional Americana. Trata-se de uma convenção sobre direitos e deveres do Estado e asilo político. A seguir, reproduzimos um trecho da convenção (Brasil, 1937).

> DECRETO n. 1.570, DE 13 DE ABRIL DE 1937.
> CONVENÇÃO SOBRE DIREITOS E DEVERES DOS ESTADOS
> Artigo 1
> O Estado como pessoa de Direito Internacional deve reunir os seguintes requisitos.

I. População permanente.
II. Território determinado.
III. Governo.
IV. Capacidade de entrar em relações com os demais Estados.
[...]
Artigo 3
A existência política do Estado é independente do seu reconhecimento pelos demais Estados. Ainda antes de reconhecido, tem o Estado o direito de defender sua integridade e independência, prover a sua conservação e prosperidade e, conseguintemente, organizar-se como achar conveniente, legislar sobre seus interesses, administrar seus serviços e determinar a jurisdição e competência dos seus tribunais.
O exercício destes direitos não tem outros limites além do exercício dos direitos de outros Estados de acordo com o Direito Internacional.
Artigo 4
Os Estados são juridicamente iguais, desfrutam iguais direitos e possuem capacidade igual para exercê-los. Os direitos de cada um não dependem do poder de que disponha para assegurar seu exercício, mas do simples fato de sua existência como pessoa de Direito Internacional.
[...]
Artigo 6
O reconhecimento de um Estado apenas significa que aquele que o reconhece aceita a personalidade do outro com todos os direitos e deveres determinados pelo Direito Internacional. O reconhecimento é incondicional e irrevogável.
Artigo 7
O reconhecimento do Estado poderá ser expresso ou tácito. Este último resulta de todo ato que implique a intenção de reconhecer o novo Estado.

Artigo 8
Nenhum Estado possui o direito de intervir em assuntos internos ou externos de outro.
Artigo 9
A jurisdição dos Estados, dentro dos limites do território nacional, aplica-se a todos os habitantes. Os nacionais e estrangeiros encontram-se sob a mesma proteção da legislação e das autoridades nacionais, e os estrangeiros não poderão pretender direitos diferentes, nem mais extensos que os dos nacionais.
[...]
Artigo 11
Os Estados contratantes consagram, em definitivo, como norma de conduta, a obrigação precisa de não reconhecer aquisições territoriais ou de vantagens especiais realizadas pela força, consista esta no emprego de armas, em representações diplomáticas cominatórias ou em qualquer outro meio de coação efetiva. O território dos Estados é inviolável e não pode ser objeto de ocupações militares, nem de outras medidas de força impostas por outro Estado, direta ou indiretamente, por motivo algum, nem sequer de maneira temporária.

V

Conteúdos do capítulo:

» Meios de aquisição e de perda da nacionalidade.
» Normas estabelecidas na Constituição Federal de 1988.
» Condição jurídica do estrangeiro.
» Critérios de aquisição de nacionalidade.
» Nacionalidade e Constituição brasileira.
» Naturalização.
» Direitos especiais dos portugueses.
» Aquisição e perda da nacionalidade brasileira.
» Condição jurídica do estrangeiro.
» Direitos do estrangeiro admitido no território nacional.
» Deportação, expulsão, extradição e asilo.

No presente capítulo, abordaremos temas de extrema relevância, como os meios de aquisição e de perda da nacionalidade, com especial destaque para as normas estabelecidas na Constituição Federal (CF) brasileira de 1988. Para isso, analisaremos o disposto em seu art. 12.

Nacionalidade e condição jurídica do estrangeiro

Outro tema de grande relevância que abordaremos é a condição jurídica do estrangeiro como migrante ou visitante, prevista na Lei de Migração – Lei n. 13.445, de 24 de maio de 2017 (Brasil, 2017) –, que dispõe sobre os direitos e os deveres do migrante e do visitante, regula sua entrada e estada no país e estabelece princípios e diretrizes para as políticas públicas para o emigrante.

5.1 Conceito de nacionalidade

No direito internacional, o conceito de **nacionalidade**, como um dos elementos que identificam o povo de uma nação, surgiu com a Revolução Norte-Americana de 1776 e com a Revolução Francesa de 1789. Naquele período, o Estado Moderno dispunha de um conceito de soberania em seu grau absolutista e transformado.

Assim, a titularidade do poder soberano, que antes pertencia ao monarca, foi transferida para o povo e, dessa forma, os atos do rei deveriam ser legitimados por essa população.

Foi assim que surgiu o conceito de **Estado-nação**, sendo a nacionalidade entendida como um dos elementos importantes desse Estado em evolução. O soberano deveria criar vínculos capazes de identificar determinado povo que habitava o território governado pelo Estado, de forma a manter sua unidade territorial.

A nacionalidade, portanto, surge como esse elemento agregador, constituindo-se no vínculo jurídico e político que une um povo a um Estado. Percebemos que, muito embora o conceito de nacionalidade possa ser estudado dentro do direito internacional público (DIP), por se tratar de um dos elementos importantes do Estado, é certo que o tema tem natureza jurídica de direito interno.

Concretamente, o assunto referente à nacionalidade pertence ao direito constitucional, uma vez que a referida matéria está regulamentada nas Constituições dos Estados. No caso do Brasil, temos a matéria estabelecida no art. 12 da CF.

É oportuno esclarecer que os critérios para aquisição, manutenção e perda da nacionalidade são de soberania exclusiva de cada Estado, notadamente porque são eles que, por meio de seus ordenamentos jurídicos, os estabelecem.

No que diz respeito a critérios para aquisição da nacionalidade, normalmente existem dois:

1. *jus soli*, em que são considerados nacionais os que tenham nascido em determinado Estado, ou seja, no solo de um determinado Estado;

2. *jus sanguinis*, em que são considerados nacionais os que tenham uma ascendência (parentesco), ou seja, vínculo de sangue.

Existem também indivíduos que não possuem qualquer nacionalidade, denominados *apátridas* (= *heimatlos*), e indivíduos que têm mais de uma nacionalidade, denominados *polipátridas*.

No caso dos apátridas, há que se observar o Estatuto dos Apátridas, de 1954 – Decreto n. 4.246, de 22 de maio de 2002 (Brasil, 2002a). Esse documento estabelece que seu estatuto pessoal é o domicílio, garantindo-lhes uma situação não menos favorável do que aquela atribuída aos nacionais do Estado em que o apátrida está domiciliado.

Relativamente à naturalização, todos os países admite em seus ordenamentos jurídicos a possibilidade de os estrangeiros, uma vez cumpridos determinados requisitos, se naturalizarem.

O direito internacional tem uma preocupação especial em relação à nacionalidade, notadamente porque assegura a toda pessoa tal prerrogativa, conforme estabelece a Declaração Universal dos Direitos Humanos, de 1948 (ONU, 1948):

> Artigo XV
> 1. Toda pessoa tem direito a uma nacionalidade.
> 2. Ninguém será arbitrariamente privado de sua nacionalidade, nem do direito de mudar de nacionalidade.

No Brasil, a matéria está assim regulamentada na Emenda Constitucional n. 3, de 7 de junho de 1994:

> Art. 12. São brasileiros:
> I – natos:
> a) os nascidos na República Federativa do Brasil, ainda que de países estrangeiros, desde que estes não estejam a serviço de seu país;
> b) os nascidos no estrangeiro, de pai brasileiro ou mãe brasileira, desde que qualquer deles esteja a serviço da República Federativa do Brasil;
> c) os nascidos no estrangeiro de pai brasileiro ou de mãe brasileira, desde que sejam registrados em repartição brasileira competente ou venham a residir na República Federativa do Brasil e optem, em qualquer tempo, depois de atingida a maioridade, pela nacionalidade brasileira; (Redação dada pela Emenda Constitucional n. 54, de 2007)
> II – naturalizados:
> a) os que, na forma da lei, adquiram a nacionalidade brasileira, exigidas aos originários de países de língua portuguesa apenas residência por um ano ininterrupto e idoneidade moral;
> b) os estrangeiros de qualquer nacionalidade, residentes na República Federativa do Brasil há mais de quinze anos ininterruptos e sem condenação penal, desde que requeiram a nacionalidade brasileira. (Brasil, 1994)

Como visto nesse trecho, a CF estabelece os critérios para a aquisição da **nacionalidade** brasileira. Já vimos que eles são dois: o *jus soli* e o *jus sanguinis*. Mas o art. 12, inciso III, alínea "c", da CF estabelece outra hipótese de aquisição originária da nacionalidade brasileira. Trata-se do caso de filhos de pai ou de mãe brasileira que não estejam a serviço oficial da República Federativa do Brasil.

Na referida hipótese, se o nascimento do brasileiro não foi registrado em repartição brasileira competente, ele poderá requerer sua condição de brasileiro nato, desde que venha, a qualquer tempo, residir em território brasileiro e optar, depois de atingida a maioridade, pela nacionalidade brasileira, conforme estabelece a Emenda Constitucional n. 54, de 20 de setembro de 2007 (Brasil, 2007).

Note que, no referido caso, o brasileiro já tem o direito adquirido de ter a nacionalidade brasileira pelo critério *jus sanguinis*. Todavia, trata-se de um direito potestativo e personalíssimo. *Potestativo* porque adquirir a nacionalidade brasileira depende de manifestação expressa de vontade do interessado, desde que cumpridos determinados requisitos. *Personalíssimo* porque somente poderá ser exercido pelo interessado.

A aquisição derivada da nacionalidade brasileira, também denominada **naturalização**, tem duas previsões, uma na Lei de Migração e outra na CF.

De acordo com o disposto na Lei de Migração, a concessão da naturalização depende do preenchimento dos requisitos constitucionais e legais, podendo ser ordinária, extraordinária, especial ou provisória. Conforme dispõe a referida lei:

> **Seção II**
> **Das Condições da Naturalização**
>
> Art. 64. A naturalização pode ser:
> I – ordinária;
> II – extraordinária;
> III – especial; ou
> IV – provisória.
>
> Art. 65. Será concedida a naturalização ordinária àquele que preencher as seguintes condições:
> I – ter capacidade civil, segundo a lei brasileira;
> II – ter residência em território nacional, pelo prazo mínimo de 4 (quatro) anos;

III – comunicar-se em língua portuguesa, consideradas as condições do naturalizando; e
IV – não possuir condenação penal ou estiver reabilitado, nos termos da lei.

Art. 66. O prazo de residência fixado no inciso II do caput do art. 65 será reduzido para, no mínimo, 1 (um) ano se o naturalizando preencher quaisquer das seguintes condições:
I – (VETADO);
II – ter filho brasileiro;
III – ter cônjuge ou companheiro brasileiro e não estar dele separado legalmente ou de fato no momento de concessão da naturalização;
IV – (VETADO);
V – haver prestado ou poder prestar serviço relevante ao Brasil; ou
VI – recomendar-se por sua capacidade profissional, científica ou artística.
Parágrafo único. O preenchimento das condições previstas nos incisos V e VI do caput será avaliado na forma disposta em regulamento.

Art. 67. A naturalização extraordinária será concedida a pessoa de qualquer nacionalidade fixada no Brasil há mais de 15 (quinze) anos ininterruptos e sem condenação penal, desde que requeira a nacionalidade brasileira.

Art. 68. A naturalização especial poderá ser concedida ao estrangeiro que se encontre em uma das seguintes situações:
I – seja cônjuge ou companheiro, há mais de 5 (cinco) anos, de integrante do Serviço Exterior Brasileiro em atividade ou de pessoa a serviço do Estado brasileiro no exterior; ou
II – seja ou tenha sido empregado em missão diplomática ou em repartição consular do Brasil por mais de 10 (dez) anos ininterruptos.

Art. 69. São requisitos para a concessão da naturalização especial:
I – ter capacidade civil, segundo a lei brasileira;
II – comunicar-se em língua portuguesa, consideradas as condições do naturalizando; e
III – não possuir condenação penal ou estiver reabilitado, nos termos da lei.

Art. 70. A naturalização provisória poderá ser concedida ao migrante criança ou adolescente que tenha fixado residência em território nacional antes de completar 10 (dez) anos de idade e deverá ser requerida por intermédio de seu representante legal.
Parágrafo único. A naturalização prevista no caput será convertida em definitiva se o naturalizando expressamente assim o requerer no prazo de 2 (dois) anos após atingir a maioridade.

Art. 71. O pedido de naturalização será apresentado e processado na forma prevista pelo órgão competente do Poder Executivo, sendo cabível recurso em caso de denegação.
§ 1º No curso do processo de naturalização, o naturalizando poderá requerer a tradução ou a adaptação de seu nome à língua portuguesa.
§ 2º Será mantido cadastro com o nome traduzido ou adaptado associado ao nome anterior.

Art. 72. No prazo de até 1 (um) ano após a concessão da naturalização, deverá o naturalizado comparecer perante a Justiça Eleitoral para o devido cadastramento. (Brasil, 2017).

Já constitucionalmente temos as hipóteses do art. 12, inciso II, alíneas "a" e "b". A primeira hipótese refere-se aos estrangeiros originários dos países de língua portuguesa e a segunda se aplica aos demais estrangeiros:

> II – naturalizados
> a) os que, na forma da lei, adquiram a nacionalidade brasileira, exigidas aos originários de países de língua portuguesa apenas residência por um ano ininterrupto e idoneidade moral;
> b) os estrangeiros de qualquer nacionalidade, residentes na República Federativa do Brasil há mais de quinze anos ininterruptos e sem condenação penal, desde que requeiram a nacionalidade brasileira. (Brasil, 1988).

Ainda no art. 12 da CF, mesmo que a matéria não verse sobre nacionalidade, vale a pena citar o disposto no parágrafo primeiro, que decorre do Estatuto da Igualdade entre Brasil e Portugal. O tratado foi celebrado entre os dois países no ano de 2000 e foi denominado também de *Tratado de Amizade, Cooperação e Consulta entre a República Federativa do Brasil e a República Portuguesa*.

Referida previsão constitucional estabelece, em condições de reciprocidade, a igualdade de direitos entre brasileiros e portugueses, desde que tenham residência aqui no Brasil e respeitadas as vedações previstas na Constituição. Lê-se:

> § 1º Aos portugueses com residência permanente no País, se houver reciprocidade em favor de brasileiros, serão atribuídos os direitos inerentes ao brasileiro, salvo os casos previstos nesta Constituição. (Brasil, 1988).

A CF veda qualquer distinção entre brasileiros natos e naturalizados, salvo as exceções previstas no parágrafo 3º do art. 12, que estabelece os cargos privativos de brasileiros natos. São eles:

» presidente e vice-presidente da República;
» presidente da Câmara dos Deputados;
» presidente do Senado Federal;
» ministro do Supremo Tribunal Federal (STF);
» carreirista diplomático;

- » oficial das Forças Armadas;
- » ministro de Estado da Defesa.

Os membros do Conselho da República, por força do art. 89, inciso VII, da CF, também devem ser brasileiros natos.

Quanto à perda da nacionalidade, a matéria encontra previsão no disposto no art. 12, parágrafo 4º da CF. Inicialmente, é possível o cancelamento da naturalização do brasileiro condenado por sentença penal transitada em julgado, em virtude de atividade considerada nociva aos interesses nacionais.

Por outro lado, e como regra geral, o brasileiro que adquirir outra nacionalidade perderá a brasileira. Sobre esse caso, o texto comporta exceção para os seguintes casos:

> a) de reconhecimento de nacionalidade originária pela lei estrangeira;
> b) de imposição de naturalização, pela norma estrangeira, ao brasileiro residente em estado estrangeiro, como condição para permanência em seu território ou para o exercício de direitos civis. (Brasil, 1988)

Nas hipóteses previstas, há competência delegada ao Ministro da Justiça para declarar a perda ou mesmo a reaquisição da nacionalidade brasileira. Lembramos ainda que, além da Constituição Federal, a perda e a reaquisição de nacionalidade também é regulamentada pela Lei de Migração, que dispõe:

> **Seção IV**
> **Da Perda da Nacionalidade**
>
> Art. 75. O naturalizado perderá a nacionalidade em razão de condenação transitada em julgado por atividade nociva ao interesse nacional, nos termos do inciso I do § 4º do art. 12 da Constituição Federal
> Parágrafo único. O risco de geração de situação de apatridia será levado em consideração antes da efetivação da perda da nacionalidade. (Brasil, 2017)

5.2 Meios de aquisição da nacionalidade brasileira

A doutrina brasileira adota duas espécies de nacionalidades: a primária, que também pode ser chamada de *nacionalidade de origem* ou *originária*, e a secundária, também chamada de *nacionalidade adquirida*.

O primeiro tipo, ou seja, a **nacionalidade originária** é aquela que se obtém em virtude do nascimento em solo (critério do *jus soli*). É, portanto, um critério involuntário.

Já o segundo tipo, a **nacionalidade secundária** ou **adquirida** é aquela que resulta de uma escolha do indivíduo. É, portanto, um ato voluntário. Traduz-se na vontade do interessado em fazer parte daquele Estado.

Essa possibilidade só existe em virtude do critério misto adotado pelo sistema brasileiro. Assim, além do critério objetivo do nascimento, a nacionalidade também pode ser estabelecida por meio de critérios de vínculos sanguíneos com o pai ou a mãe (ou ambos).

5.3 Condição jurídica do estrangeiro

A CF de 1988, em seu art. 5º, garante aos nacionais e estrangeiros residentes no país os mesmos direitos fundamentais de todos que moram no território brasileiro, estabelecidos no Título II da CF, "Dos Direitos e Garantias Fundamentais", que buscou regulamentar os direitos indispensáveis a todos.

No tocante aos estrangeiros, o entendimento desse mesmo art. 5º se soma à Lei de Migração. Esse documento, por meio de uma abordagem diferenciada, buscou destacar o viés de proteção aos direitos humanos.

Assim, com essa lei, que substituiu o antigo Estatuto do Estrangeiro – Lei n. 6.815, de 19 de agosto de 1980 (Brasil, 1980) –, o migrante ganhou um importante instrumento que lhe traz garantias e direitos. No texto legal, encontramos artigos que discorrem sobre princípios, direitos e garantias do migrante e de sua família, documentos de viagem, tipos de vistos, condição de migrantes, incluindo o Residente Fronteiriço, o Apátrida e o Asilado, formas de entrada, bem como casos de impedimentos. Aborda-se também a condição de exilado, as formas típicas de retirada compulsória do migrante do território nacional (expulsão, extradição e deportação), os procedimentos e os requisitos para a naturalização, as medidas de cooperação, além de trazer procedimento e processamento de apuração das infrações administrativas.

Segundo conceitua expressamente a Lei de Migração, no §1º do artigo 1º:

> § 1º Para os fins desta Lei, considera-se:
> I – (VETADO);
> II – imigrante: pessoa nacional de outro país ou apátrida que trabalha ou reside e se estabelece temporária ou definitivamente no Brasil;
> III – emigrante: brasileiro que se estabelece temporária ou definitivamente no exterior;
> IV – residente fronteiriço: pessoa nacional de país limítrofe ou apátrida que conserva a sua residência habitual em município fronteiriço de país vizinho;
> V – visitante: pessoa nacional de outro país ou apátrida que vem ao Brasil para estadas de curta duração, sem pretensão de se estabelecer temporária ou definitivamente no território nacional; (Brasil, 2017)

Assim, a Lei de Migração traz a ideia geral de que o estrangeiro detém o direito de migrar. Esse direito também está expresso em documentos internacionais que foram recepcionados pela legislação brasileira. Um destaque importante deve ser feito à Convenção de Direito Internacional Privado de Havana, que foi recepcionada por meio do Decreto n. 18.871, de 13 de agosto de 1929 (Brasil, 1929). A Convenção de Haia (citada por Achiron, 2009, p. 9), estabelece em seu art. 1º que:

> Cabe a cada Estado determinar, segundo a sua própria legislação, quem são os seus cidadãos. Essa legislação será reconhecida por outros Estados na medida em que seja compatível com as convenções internacionais, o costume internacional e os princípios de direito geralmente reconhecidos em matéria de nacionalidade.

Dessa forma, fica clara a importância do tema sobre a condição jurídica do estrangeiro para os Estados.

Há ainda outro documento que versa sobre o estrangeiro. É a Convenção sobre Igualdade de Direitos e Deveres entre Brasileiros e Portugueses. Esse acordo foi assinado em 1971 e a convenção só foi incorporada no ordenamento brasileiro no ano seguinte, pelo Decreto n. 70.391, de 12 de abril de 1972 (Brasil, 1972). Essa convenção deu aos portugueses e aos brasileiros igualdade no gozo dos direitos e deveres, ou seja, equipara os portugueses à mesma condição dos brasileiros.

5.4 Saída do estrangeiro do território nacional

Existem determinadas situações em que o Estado pode adotar medidas com a finalidade de retirar o estrangeiro de seu território, seja porque ele é nocivo aos interesses nacionais, seja porque ele se encontra irregularmente no país. Pode ainda ocorrer o caso de essa saída ser realizada para atender à solicitação de outro Estado.

Para essas possibilidades, há os institutos da deportação, da expulsão e da extradição.

A **deportação**, prevista nos arts. 50 a 53 da Lei de Migração, é aplicada ao estrangeiro que se encontre em situação migratória irregular em território nacional, possibilitado o contraditório e a ampla defesa deste. É o caso do estrangeiro que esteja com visto de turista e passe a exercer atividade remunerada no país, por exemplo. De acordo com o art. 50 da Lei de Migração,

> Art. 50. A deportação é medida decorrente de procedimento administrativo que consiste na retirada compulsória de pessoa que se encontre em situação migratória irregular em território nacional.
>
> § 1º A deportação será precedida de notificação pessoal ao deportando, da qual constem, expressamente, as irregularidades verificadas e prazo para a regularização não inferior a 60 (sessenta) dias, podendo ser prorrogado, por igual período, por despacho fundamentado e mediante compromisso de a pessoa manter atualizadas suas informações domiciliares. (Brasil, 2017).

O processamento para deportação, mediante representação do chefe da unidade da Polícia Federal perante o juízo federal, é competência da Polícia Federal. Respeitados os direitos à ampla defesa e ao devido processo legal. Trata-se de ato discricionário, desde que atendidos os pressupostos estabelecidos em lei. Ainda, predispõe a Lei de Migração em seu art. 51 que "§1º A Defensoria Pública da União deverá ser notificada, preferencialmente por meio eletrônico, para prestação de assistência ao deportando em todos os procedimentos administrativos de deportação" (Brasil, 2017).

Nas palavras de Rezek (2010, p. 200):

> *De início, a deportação não deve ser confundida com o impedimento à entrada de estrangeiro, que ocorre quando lhe falta justo título para ingressar no Brasil*

(um passaporte visado, lá fora, por nosso cônsul, ou, dependendo do país patrial, um simples passaporte válido). No caso de impedimento, o estrangeiro não ultrapassa a barreira policial da fronteira, porto ou aeroporto: é mandado de volta, sempre que possível a expensas da empresa que para aqui o transportou sem certificar-se da prestabilidade de sua documentação. A deportação é uma forma de exclusão, do território nacional, daquele estrangeiro que aqui se encontre após uma entrada irregular – geralmente clandestina –, ou cuja estada tenha-se tornado irregular – quase sempre por excesso de prazo, ou por exercício de trabalho remunerado, no caso do turista. Cuida-se de exclusão por iniciativa das autoridades locais, sem envolvimento da cúpula do governo: no Brasil, policiais federais têm competência para promover a deportação de estrangeiros, quando entendam que não é o caso de regularizar sua documentação. A medida não é exatamente punitiva, nem deixa sequelas. O deportado pode retornar ao país desde o momento em que tenha provido de documentação regular para o ingresso.

  Acerca dos procedimentos conducentes à deportação, a Lei de Migração, no artigo 51, prevê respeito ao contraditório e à ampla defesa, bem como a garantia de recurso com efeito suspensivo, notificando-se a Defensoria Pública da União, preferencialmente por meio eletrônico, para prestação de assistência ao deportando em todos os procedimentos administrativos de deportação. Contudo, a ausência de manifestação da Defensoria Pública da União, desde que prévia e devidamente notificada, não impede a efetivação da medida de deportação. O artigo 52 da referida lei, ademais, afirma que, em se tratando de apátrida, o procedimento de deportação depende de prévia autorização da autoridade competente. Ainda, o art. 53 dessa lei dispõe que a deportação não pode ser aplicada nos casos em que não se admite a extradição na legislação brasileira.

Finalmente, a deportação não é caracterizada como uma sanção ou penalidade aplicada pelo Estado, mas como um regular exercício de polícia.

Já a **expulsão** está prevista nos arts. 54 a 60 da Lei de Migração, consistindo em "medida administrativa de retirada compulsória de migrante ou visitante do território nacional, conjugada com o impedimento de reingresso por prazo determinado" (Brasil, 2017, art. 54).

É passível de expulsão o estrangeiro que apresentar

> [...] condenação de sentença transitada em julgado relativa à prática de:
> I – crime de genocídio, crime contra a humanidade, crime de guerra ou crime de agressão, nos termos definidos pelo Estatuto de Roma do Tribunal Penal Internacional, de 1998, promulgado pelo Decreto n. 4.388, de 25 de setembro de 2002; ou
> II – crime comum doloso passível de pena privativa de liberdade, consideradas a gravidade e as possibilidades de ressocialização em território nacional. (Brasil, 2017, art. 54, § 1º)

A doutrina conceitua o instituto da expulsão como um "ato administrativo de fazer cessar a permanência, de um estrangeiro no território nacional, pelos motivos elencados na lei, de natureza cível ou criminal, que configuram o expulsando, em grandes linhas, como 'uma pessoa indesejável'" (Mazzuoli, 2010, p. 718).

Diferentemente da deportação, a expulsão é entendida como uma medida administrativa aplicada ao estrangeiro, o qual, via regra geral, é impedido de retornar ao país.

O art. 55 estabelece as hipóteses em que a expulsão é vedada:

> Art. 55. Não se procederá à expulsão quando:
> I – a medida configurar extradição inadmitida pela legislação brasileira;

> II – o expulsando:
> a) tiver filho brasileiro que esteja sob sua guarda ou dependência econômica ou socioafetiva ou tiver pessoa brasileira sob sua tutela;
> b) tiver cônjuge ou companheiro residente no Brasil, sem discriminação alguma, reconhecido judicial ou legalmente;
> c) tiver ingressado no Brasil até os 12 (doze) anos de idade, residindo desde então no País;
> d) for pessoa com mais de 70 (setenta) anos que resida no País há mais de 10 (dez) anos, considerados a gravidade e o fundamento da expulsão; ou
> e) (VETADO). (Brasil, 2017)

É de competência da Justiça Federal processar e julgar os crimes de ingresso e de permanência irregular dos estrangeiros em território nacional, de acordo com o art. 109, inciso X, da CF.

A competência da expulsão é do presidente da República e o *habeas corpus* deve ser interposto perante o STF.

O instituto da **extradição** está previsto nos arts. 54 a 60 da Lei de Migração, sendo conceituado por Rezek (2010, p. 202, grifo do original) da seguinte maneira:

> *Extradição é a entrega, por um Estado a outro, e a pedido deste, de pessoa que em seu território deva responder a processo penal ou cumprir pena. Cuida-se de uma relação executiva, com envolvimento judicial de ambos os lados: o governo requerente da extradição só toma essa iniciativa em razão da existência do processo penal – findo ou em curso – ante sua Justiça; e o governo do Estado requerido (ou Estado "de asilo", na linguagem imprópria de alguns autores de expressão inglesa) não goza, em geral, de uma prerrogativa de decidir sobre o atendimento do pedido senão depois de um pronunciamento da Justiça local. A extradição pressupõe sempre*

um **processo penal**: ela não serve para a recuperação forçada do devedor relapso ou do chefe de família que emigra para desertar dos seus deveres de sustento da prole.

O fundamento jurídico de todo pedido de extradição há de ser um **tratado** entre os dois países envolvidos.

A extradição é um ato de natureza jurídica, política e judicial, notadamente porque a competência do deferimento do pedido é do Executivo, cabendo ao STF apenas verificar a legalidade de sua concessão.

A extradição se divide em:

» **Ativa**: Refere-se ao país que solicitou o pedido.
» **Passiva**: Refere-se ao país que recebeu o pedido.

De acordo com o disposto no art. 82 da Lei de Migração, não será concedida a extradição quando:

> I – o indivíduo cuja extradição é solicitada ao Brasil for brasileiro nato;
>
> II – o fato que motivar o pedido não for considerado crime no Brasil ou no Estado requerente;
>
> III – o Brasil for competente, segundo suas leis, para julgar o crime imputado ao extraditando;
>
> IV – a lei brasileira impuser ao crime pena de prisão inferior a 2 (dois) anos;
>
> V – o extraditando estiver respondendo a processo ou já houver sido condenado ou absolvido no Brasil pelo mesmo fato em que se fundar o pedido;
>
> VI – a punibilidade estiver extinta pela prescrição, segundo a lei brasileira ou a do Estado requerente;
>
> VII – o fato constituir crime político ou de opinião;
>
> VIII – o extraditando tiver de responder, no Estado requerente, perante tribunal ou juízo de exceção; ou
>
> IX – o extraditando for beneficiário de refúgio, nos termos da Lei nº 9.474, de 22 de julho de 1997, ou de asilo territorial.

> § 1° A previsão constante do inciso VII do caput não impedirá a extradição quando o fato constituir, principalmente, infração à lei penal comum ou quando o crime comum, conexo ao delito político, constituir o fato principal.
> § 2° Caberá à autoridade judiciária competente a apreciação do caráter da infração.
> § 3° Para determinação da incidência do disposto no inciso I, será observada, nos casos de aquisição de outra nacionalidade por naturalização, a anterioridade do fato gerador da extradição.
> § 4° O Supremo Tribunal Federal poderá deixar de considerar crime político o atentado contra chefe de Estado ou quaisquer autoridades, bem como crime contra a humanidade, crime de guerra, crime de genocídio e terrorismo.
> § 5° Admite-se a extradição de brasileiro naturalizado, nas hipóteses previstas na Constituição Federal. (Brasil, 2017)

Nesse sentido, o art. 83 da mesma lei estabelece como condições para a concessão da extradição:

> I – ter sido o crime cometido no território do Estado requerente ou serem aplicáveis ao extraditando as leis penais desse Estado; e
> II – estar o extraditando respondendo a processo investigatório ou a processo penal ou ter sido condenado pelas autoridades judiciárias do Estado requerente a pena privativa de liberdade. (Brasil, 2017)

Já os artigos 84 e 86 também da Lei de Migração assim estabelece acerca da prisão cautelar do extraditando:

Art. 84. Em caso de urgência, o Estado interessado na extradição poderá, previamente ou conjuntamente com a formalização do pedido extradicional, requerer, por via diplomática ou por meio de autoridade central do Poder Executivo, prisão cautelar com o objetivo de assegurar a executoriedade da medida de extradição que, após exame da presença dos pressupostos formais de admissibilidade exigidos nesta Lei ou em tratado, deverá representar à autoridade judicial competente, ouvido previamente o Ministério Público Federal.

§ 1º O pedido de prisão cautelar deverá conter informação sobre o crime cometido e deverá ser fundamentado, podendo ser apresentado por correio, fax, mensagem eletrônica ou qualquer outro meio que assegure a comunicação por escrito.

§ 2º O pedido de prisão cautelar poderá ser transmitido à autoridade competente para extradição no Brasil por meio de canal estabelecido com o ponto focal da Organização Internacional de Polícia Criminal (Interpol) no País, devidamente instruído com a documentação comprobatória da existência de ordem de prisão proferida por Estado estrangeiro, e, em caso de ausência de tratado, com a promessa de reciprocidade recebida por via diplomática.

§ 3º Efetivada a prisão do extraditando, o pedido de extradição será encaminhado à autoridade judiciária competente.

§ 4º Na ausência de disposição específica em tratado, o Estado estrangeiro deverá formalizar o pedido de extradição no prazo de 60 (sessenta) dias, contado da data em que tiver sido cientificado da prisão do extraditando.

§ 5º Caso o pedido de extradição não seja apresentado no prazo previsto no § 4º, o extraditando deverá ser posto em liberdade, não se admitindo novo pedido de prisão cautelar pelo mesmo fato sem que a extradição tenha sido devidamente requerida.

> § 6º A prisão cautelar poderá ser prorrogada até o julgamento final da autoridade judiciária competente quanto à legalidade do pedido de extradição.
>
> [...]
>
> Art. 86. O Supremo Tribunal Federal, ouvido o Ministério Público, poderá autorizar prisão albergue ou domiciliar ou determinar que o extraditando responda ao processo de extradição em liberdade, com retenção do documento de viagem ou outras medidas cautelares necessárias, até o julgamento da extradição ou a entrega do extraditando, se pertinente, considerando a situação administrativa migratória, os antecedentes do extraditando e as circunstâncias do caso. (Brasil, 2017)

De acordo com o disposto no art. 87 da Lei de Migração, o "extraditando poderá entregar-se voluntariamente ao Estado requerente, desde que o declare expressamente, esteja assistido por advogado e seja advertido de que tem direito ao processo judicial de extradição e à proteção que tal direito encerra, caso em que o pedido será decidido pelo Supremo Tribunal Federal" (Brasil, 2017). Também, face ao art. 90, "Nenhuma extradição será concedida sem prévio pronunciamento do Supremo Tribunal Federal sobre sua legalidade e procedência, não cabendo recurso da decisão" (Brasil, 2017).

É importante destacar, não obstante não caber recurso da decisão, que a defesa a ser interposta pelo extraditando é o *habeas corpus*, dirigido ao STF, consistente em remédio constitucional para tutela do direito de ir e vir.

Ainda, face ao art. 99 da referida lei, "poderá ser permitido, [salvo motivo de ordem pública] pelo órgão competente do Poder Executivo, o trânsito no território nacional de pessoa extraditada por Estado estrangeiro, bem como o da respectiva guarda, mediante apresentação de documento comprobatório de concessão da medida" (Brasil, 2017).

Já o art. 88 dispõe que todo "pedido que possa originar processo de extradição em face de Estado estrangeiro deverá ser encaminhado ao órgão competente do Poder Executivo diretamente pelo órgão do Poder Judiciário responsável pela decisão ou pelo processo penal que a fundamenta" (Brasil, 2017).

Os arts. 100 a 102 tratam especificamente da transferência de execução da pena, ao passo que os arts. 103 a 105 versam sobre a transferência de pessoa condenada, que poderá ser concedida nos casos baseados em tratado internacionais ou quando houver promessa de reciprocidade

5.5 Tipos de visto

Como já vimos, a condição jurídica do estrangeiro está prevista na Lei de Migração (Lei n. 13.445/2017), que dispõe sobre os direitos e os deveres do migrante e do visitante, regula sua entrada e estada no país e estabelece princípios e diretrizes para as políticas públicas para o emigrante.

Essa lei tem por base diversos princípios, sendo garantido ao migrante, no território nacional, em condição de igualdade com os nacionais, a inviolabilidade do direito à vida, à liberdade, à igualdade, à segurança e à propriedade. Os direitos e garantia previstos na Lei de Migração são exercidos em observância ao disposto na CF, independentemente da situação migratória, e não excluem outros decorrentes de tratado de que o Brasil seja parte.

Contudo, a CF proíbe aos estrangeiros o exercício de determinadas atividades, como ser proprietário de empresas de comunicação ou realizar navegações de cabotagem. A navegação interior por embarcações estrangeiras depende do cumprimento de condições estabelecidas em lei, ao passo que a exploração de áreas de recursos minerais deve ser realizada por brasileiros ou por empresa constituída aqui no Brasil e que tenha aqui a sua sede e administração.

Para que o estrangeiro, na condição de migrante ou visitante, possa ingressar regularmente no território brasileiro, deve cumprir determinados requisitos previstos na Lei de Migração, entre eles obter o visto, documento que fornece a seu titular expectativa de ingresso em território nacional, conforme art. 6º.

Nesse sentido, a Lei de Migração estabelece em seu art. 12º as seguintes modalidades de vistos:

> I – de visita;
> II – temporário;
> III – diplomático;
> IV – oficial;
> V – de cortesia. (Brasil, 2017)

Já o art. 10 da mesma lei estabelece as condições em que o visto não será concedido:

> Art. 10. Não se concederá visto:
> I – a quem não preencher os requisitos para o tipo de visto pleiteado;
> II – a quem comprovadamente ocultar condição impeditiva de concessão de visto ou de ingresso no País; ou
> III – a menor de 18 (dezoito) anos desacompanhado ou sem autorização de viagem por escrito dos responsáveis legais ou de autoridade competente.
> Art. 11. Poderá ser denegado visto a quem se enquadrar em pelo menos um dos casos de impedimento definidos nos incisos I, II, III, IV e IX do art. 45.
> Parágrafo único. A pessoa que tiver visto brasileiro denegado será impedida de ingressar no País enquanto permanecerem as condições que ensejaram a denegação. (Brasil, 2017).

Conforme o disposto no art. 13 da Lei de Migração,

> Art. 13. O visto de visita poderá ser concedido ao visitante que venha ao Brasil para estada de curta duração, sem intenção de estabelecer residência, nos seguintes casos:
> I – turismo;
> II – negócios;
> III – trânsito;
> IV – atividades artísticas ou desportivas;
> V – outras hipóteses definidas em regulamento.

Nas situações de visto de visita, é vedado ao beneficiário exercer atividade remunerada no Brasil, no entanto, ele pode receber pagamento do governo, de empregador brasileiro ou de entidade privada a título de diária, ajuda de custo, cachê, pró-labore ou outras despesas com a viagem, bem como concorrer a prêmios, inclusive em dinheiro, em competições desportivas ou em concursos artísticos ou culturais.

Por fim, dispõe o § 3º do art. 13 da Lei de Migração que o "visto de visita não será exigido em caso de escala ou conexão em território nacional, desde que o visitante não deixe a área de trânsito internacional" (Brasil, 2017).

Já os vistos temporários podem ser concedidos

> [...] ao imigrante que venha ao Brasil com o intuito de estabelecer residência por tempo determinado e que se enquadre em uma das seguintes hipóteses:
> [...]
> a) pesquisa, ensino ou extensão acadêmica;
> b) tratamento de saúde;
> c) acolhida humanitária;
> d) estudo;
> e) trabalho;
> f) férias-trabalho;
> g) prática de atividade religiosa ou serviço voluntário;

> h) realização de investimento ou de atividade com relevância econômica, social, científica, tecnológica ou cultural;
> i) reunião familiar;
> j) atividades artísticas ou desportivas com contrato por prazo determinado; (Brasil, 2017, art. 14, I)

Os vistos diplomático e oficial são "concedidos a autoridades e funcionários estrangeiros que viajem ao Brasil em missão oficial de caráter transitório ou permanente, representando Estado estrangeiro ou organismo internacional reconhecido" (Brasil, art. 16).

A Lei de Migração também traz nos arts. 19 a 22 disposições a respeito do registro e da identificação civil do imigrante e dos detentores de vistos diplomático, oficial e de cortesia. Tal registro consiste na identificação civil por dados biográficos e biométricos e é obrigatório a todo imigrante detentor de visto temporário ou de autorização de residência.

De acordo com o art. 20 da Lei de Migração, a "identificação civil de solicitante de refúgio, de asilo, de reconhecimento de apatridia e de acolhimento humanitário poderá ser realizada com a apresentação dos documentos de que o imigrante dispuser" (Brasil, 2017), ao passo que regulamento específico trará as normas e os procedimentos para "A identificação civil, o documento de identidade e as formas de gestão da base cadastral dos detentores de vistos diplomático, oficial e de cortesia [...]" (Brasil, 2017, art. 22).

5.6 Asilo político

O instituto do asilo político está regulamentado nos arts. 27 a 29 da Lei de Migração (Lei n. 13.445/2017), sendo ato discricionário do Estado.

O asilo político, de acordo com o art. 27 da referida lei, pode ser diplomático ou territorial e será outorgado como instrumento de proteção à pessoa.

O art. XIV da Declaração Universal dos Direitos Humanos também aponta que:

> *1. Todo ser humano, vítima de perseguição, tem o direito de procurar e de gozar asilo em outros países.*
>
> *2. Este direito não pode ser invocado em caso de perseguição legitimamente motivada por crimes de direito comum ou por atos contrários aos objetivos e princípios das Nações Unidas.* (ONU, 1948)

Constitui-se, portanto, em um direito humano.

Não se pode confundir **asilo territorial**, também chamado de *asilo externo* ou *internacional*, com **asilo diplomático**, também chamado de *asilo extraterritorial* ou *intranacional*.

No caso do **asilo territorial**, o Estado recebe a pessoa sem os requisitos de ingresso, mas considerando determinados critérios, como o de que o candidato estaria sofrendo perseguições de natureza política ou ideológica. Ora, em muitos casos, conforme explica Rezek (2010), a pessoa que pede asilo não possui a documentação necessária para ingresso regular no país (por exemplo, não tem visto ou nem mesmo passaporte); assim, caberá ao Estado documentá-la. Portanto, o asilo territorial tem um caráter humanitário, pois evita que a pessoa retorne ao seu país de origem e se veja condenada ou perseguida por razões políticas.

Já o **asilo diplomático** é extraterritorial ou intranacional, pois é uma modalidade de asilo que o Estado confere fora de seu território, com base no local onde o indivíduo se encontra ameaçado, perseguido. O asilo diplomático tem caráter temporário de asilo político e é praticado especialmente na América Latina. Conforme explica Rezek (2010, p. 246, grifo do original), "naturalmente, o asilo nunca é diplomático *em definitivo*: essa modalidade significa apenas um estágio provisório, uma ponte para o asilo territorial".

A concessão do asilo diplomático é transitória e provisória, e se dá quando o Estado permite a entrada da pessoa solicitante em sua embaixada, em seu consulado, em navios de guerra, aeronaves ou acampamentos militares.

Como se trata de medida de caráter excepcional, essa modalidade de asilo deve ser concedida pelo período necessário para que o asilado possa se retirar do país com segurança. Nesse caso, o Estado asilante assume a responsabilidade em retirar o asilado em condições de segurança.

Devemos frisar, contudo, que a concessão do asilo diplomático não garante a concessão do asilo territorial ao asilado.

A Convenção de Havana, de 1928, a de Montevidéu, de 1933, e a de Caracas, de 1954, falam todas sobre o tema, mas é a esta última que ele mais se aplica.

Os pressupostos do asilo diplomático são, em última análise, os mesmos do asilo territorial: a natureza política dos delitos atribuídos ao fugitivo e a atualidade da persecução, chamada nos textos convencionais de *estado de urgência*.

Os locais onde esse asilo pode ocorrer são as missões diplomáticas, não as repartições consulares. Desse modo, por extensão, estão incluídos os imóveis residenciais cobertos pela inviolabilidade nos termos da Convenção de Viena de 1961 e também, segundo o costume, os navios de guerra porventura acostados no litoral. A autoridade asilante – via de regra, o embaixador – é responsável por examinar a ocorrência e, se os entender presentes, reclamará da autoridade local a expedição de um salvo-conduto. Por meio dele, o asilado poderá deixar em condições de segurança o Estado territorial para encontrar abrigo definitivo no Estado que se dispõe a recebê-lo.

Percebemos que a autoridade asilante dispõe, em regra, do poder de qualificação unilateral dos pressupostos do asilo, na exata medida em que exterioriza o ponto de vista do Estado por ela representado. O asilo territorial trata-se da regra ou condição por meio da qual o asilado obtém a referida condição dentro do Estado que a concede. A entrada clandestina ou irregular do postulante ao pedido de asilo não é motivo para a sua não concessão.

O asilo territorial trata-se da regra, condição através da qual o asilado obtém a referida condição, dentro do Estado que concede tal condição ao mesmo. A entrada clandestina ou irregular do postulante ao pedido de asilo não é motivo para a sua não concessão. Accioly, Silva e Casella (2009, p. 470) ensinam que

> *O asilo territorial, que não pode ser confundido com o diplomático, pode ser definido como a proteção dada pelo estado, em seu território, a pessoa cuja vida ou liberdade se acha ameaçada pelas autoridades de seu país, acusada de haver violado a sua lei penal, ou que é mais frequente, tendo deixado esse seu país para se livrar de perseguição política.*

A instituição do asilo tem suas origens na Antiguidade, entre os institutos internacionais legados da Grécia Antiga, mas foram as guerras religiosas e a Revolução Francesa que levaram à consolidação do instituto.

As mudanças históricas e políticas em regiões como a América Latina sempre acarretaram problemas humanos. A Declaração Universal dos Direitos Humanos reza em seu art. XIV que "todo ser humano, vítima de perseguição, tem o direito de procurar e gozar asilo em outros países" (ONU, 1948). O parágrafo 2° do mesmo artigo acrescenta que o direito de asilo "não pode ser invocado em caso de perseguição legitimamente motivada por crimes de direito comum ou por atos contrários aos objetivos e princípios das Nações Unidas" (ONU, 1948).

Buscando traçar as diretrizes básicas a respeito, a Assembleia Geral das Nações Unidas aprovou a Resolução n. 2.312 (XXII), de 14 de dezembro de 1967 (ONU, 1967), estabelecendo que o asilo é direito do Estado baseado em sua soberania. Assim, deve ser concedido a pessoas que sofrem perseguição, devendo essa concessão ser respeitada pelos demais Estados, sem qualquer tipo de reclamação.

Além disso, o Estado pode negar o asilo por motivos de segurança nacional. Nesse sentido, as pessoas que fazem jus ao asilo não devem ter sua entrada proibida pelo país asilante nem ser expulsas para o Estado de origem, onde podem estar sujeitas a perseguição ou a repatriamento forçado.

O Alto Comissionado das Nações Unidas para Refugiados, diante da necessidade de uma convenção de cumprimento obrigatório sobre o assunto, chamou para si tal responsabilidade. Como etapa preliminar, convocou um grupo de peritos com a incumbência de elaborar um anteprojeto de convenção, a ser apreciado em conferência internacional.

De acordo com Accioly, Silva e Casella (2009), a Conferência sobre Asilo Diplomático realizou-se em Genebra, em 1977, com a presença de 92 delegações, mas, desde o início, constatou-se que a própria definição da condição de asilado suscitava controvérsias. Além disso, em virtude das divergências entre os blocos ocidental e oriental, não seria possível chegar a um acordo final.

Mesmo com todas as divergências, os problemas essenciais foram estudados a fundo, principalmente o mais básico: se o indivíduo tem ou não direito a asilo territorial, isto é, se o Estado asilante é obrigado a concedê-lo. A posição adotada pela Assembleia Geral, em 1967 – Declaração das Nações Unidas sobre Asilo Territorial (ONU, 1967) –, foi consolidada, pois ficou claro que não existe um direito ao asilo, ou seja, o Estado, no exercício de sua soberania, não tem o dever ou a obrigação de conceder o asilo, podendo recusá-lo.

Desde então, o movimento favorável à concessão do asilo a refugiados políticos verificado no pós-guerra e, sobretudo, durante a Guerra Fria, vem sofrendo retrocessos. Isso acontece principalmente nos países da Europa Ocidental, que vêm evitando a imigração de pessoas, julgando-as buscar asilo por motivos econômicos, e não políticos. Já na América Latina, principalmente em razão das condições da tradicional instabilidade política da região, o asilo diplomático tem maior aceitação, conforme mencionamos anteriormente.

Síntese

Neste capítulo, apresentamos o conceito de nacionalidade e os meios de adquiri-la, conforme dispõe a Constituição Federal. Vimos também o conceito de naturalização e as hipóteses em que ocorre, com ênfase nos direitos especiais dos portugueses. Por fim, analisamos a condição jurídica do estrangeiro, indicando as espécies de visto e os possíveis casos de deportação, expulsão e extradição, assim como a possibilidade de asilo.

Quadro 5.1 – Resumo sobre a nacionalidade

Tipos de aquisição	» Originária (natos) » Derivada (naturalizados): estrangeiros originários de países de língua portuguesa; demais estrangeiros.
Critérios de aquisição	» *Jus soli*: são considerados nacionais os que tenham nascido no solo de determinado Estado. » *Jus sanguinis*: são considerados nacionais os que tenham ascendência.

(continua)

(Quadro 5.1 – conclusão)

Critérios de perda	» Aquisição de outra nacionalidade; exceto casos previstos pela CF.
Documentos importantes	» Tratado de Amizade, Cooperação e Consulta entre a República Federativa do Brasil e a República Portuguesa » Lei de Migração » Convenção sobre Igualdade de Direitos e Deveres entre Brasileiros e Portugueses

Quadro 5.2 – *Resumo sobre deportação, expulsão e extradição*

Deportação	» Trata-se de medida decorrente de procedimento administrativo que consiste na retirada compulsória de pessoa que se encontre em situação migratória irregular em território nacional.
Expulsão	» É a retirada de migrante ou visitante do território nacional, conjugada com o impedimento de reingresso por prazo determinado.
Extradição	» É a saída do estrangeiro que cometeu crime. » O ato depende de pedido e, para seu cumprimento, necessita da existência de tratado ou da promessa de reciprocidade.

Quadro 5.3 – *Resumo dos tipos de asilo*

Asilo territorial	» Também conhecido como asilo externo ou internacional: é aquele em que o beneficiário é acolhido no território de um Estado.
Asilo diplomático	» Também conhecido como *asilo extraterritorial, interno, intranacional* ou *político*: configura-se na acolhida do indivíduo em missões diplomáticas. Trata-se de etapa anterior ao asilo definitivo ou territorial.

Questões para revisão

1) Indique se as afirmações a seguir são verdadeiras (V) ou falsas (F):
   ( ) São brasileiros naturalizados os nascidos em país estrangeiro, de pai brasileiro ou mãe brasileira, que venham a residir na República Federativa do Brasil e optem, a qualquer tempo, depois de atingida a maioridade, pela nacionalidade brasileira.
   ( ) São brasileiros natos os nascidos no estrangeiro, de pai brasileiro ou mãe brasileira, desde que qualquer deles esteja a serviço da República Federativa do Brasil.
   ( ) O cargo de oficial das Forças Armadas é privativo de brasileiro nato.
   a. V, F, V.
   b. V, V, F.
   c. F, V, V.
   d. F, F, V.

2) A respeito das normas brasileiras sobre nacionais e estrangeiros, assinale a opção correta:
   a. A matéria é de interesse do direito internacional e depende de tratados internacionais.
   b. Os estrangeiros que residam no Brasil há mais de 10 anos e não possuam condenação penal podem ser naturalizados.
   c. O *jus soli* é a regra para considerar o brasileiro nato, mesmo os nascidos de pais estrangeiros a serviço de seu país.
   d. A nacionalidade constitui-se em direito federal, de competência privativa da União.

3) São figuras de saída do estrangeiro do território nacional, **exceto**:
   a. ostracismo e banimento.
   b. extradição e expulsão.
   c. deportação e extradição.
   d. deportação e expulsão.
4) O que caracteriza a deportação?
5) Como se dá a identificação civil de solicitante de refúgio, de asilo, de reconhecimento de apatridia e de acolhimento humanitário?

Questões para reflexão

1) Com relação ao antigo Estatuto do Estrangeiro (Lei n. 6.815/1980), quais são as principais modificações trazidas pela atual e vigente Lei de Migração – Lei n. 13.445/2017?
2) Reflita sobre os direitos e as garantias aos migrantes no território nacional, de acordo com a Lei de Migração – Lei n. 13.445/2017.
3) Faça uma análise da política exterior brasileira em relação à política de concessão de refúgio e asilo.

Consultando a legislação

Neste capítulo, você viu que os temas da nacionalidade e do estrangeiro aparecem em vários documentos oficiais. Ao longo de todo o capítulo, citamos trechos deles, mas neste momento vamos indicá-los novamente, a fim de que seja possível o aprofundamento da leitura. Recomendamos, assim, os arts. 4º, 5º e 12 da Constituição da República Federativa do Brasil (Brasil, 1994); a Lei de Migração – Lei n. 13.445, de 24 de maio de 2017 (Brasil, 2017), Convenção de Caracas sobre Asilo Territorial e Diplomático e Declaração Universal dos Direitos Humanos (ONU, 1948).

VI

Conteúdos do capítulo:

» Noções básicas sobre o direito internacional privado.
» Diferenciação entre as naturezas jurídicas do direito internacional privado em relação ao direito internacional público.

6.1 Natureza jurídica e objeto de estudo do direito internacional privado

Neste capítulo, buscaremos trazer os conceitos gerais e as principais características do direito internacional privado, recorrendo a autores como Dolinger (2005) e Araújo (2006), para diferenciá-lo do direito internacional público (DIP), que temos discutido desde o Capítulo 1. Tendo em vista a sequência de estudos proposta no presente livro e seus fins metodológicos, é fundamental estabelecer a referida diferenciação, bem como conhecer seus aspectos conceituais.

Como vimos na primeira parte do livro, o DIP apresenta uma natureza jurídica de direito internacional, uma vez que estuda os temas relativos à sociedade internacional e que envolvem os sujeitos de direito internacional. Assim, por exemplo, trabalhando-se com o Estado como sujeito de direito internacional, o DIP estudará os temas jurídicos que transcendem as fronteiras do Estado.

Por outro lado, o *direito internacional privado*, diferentemente do que indica o nome, é de natureza jurídica de direito interno, uma vez que trabalha com temas que ocorrem dentro da jurisdição do Estado. Ademais, de acordo com o seu objeto de estudo, tem natureza jurídica tanto de direito privado quanto de direito público.

Desse modo, podemos entender e conceituar o direito internacional privado como um ramo do direito que tem por objetivo estudar o conflito de leis no espaço. Esse conflito de leis se faz presente sempre que um fato que é analisado dentro do ordenamento jurídico guarda relação entre dois ou mais ordenamentos jurídicos e há a possibilidade de se aplicar a lei estrangeira.

Contemporaneamente, dentro do mundo globalizado em que vivemos, inúmeras relações acarretam consequências jurídicas em mais de um ordenamento jurídico. Podemos citar vários exemplos disso:

» Casamentos realizados entre pessoas com nacionalidades diferentes ou domicílios em países diferentes. Nesses casos, qual regime de bens que deverá regulamentar o matrimônio?

» Ampliando a situação, imagine que esse casal (que tem nacionalidades diferentes) tenha filhos em um terceiro país (diferente daquele da nacionalidade ou do domicílio deles). Qual será a nacionalidade do filho?

» Podemos pensar, ainda, em outro ponto: Se houver uma questão sucessória, decorrente do falecimento do esposo ou da esposa, quem terá direito a herdar os bens?

» Se pensarmos em questões mais concretas, como contratos realizados entre empresas com nacionalidades ou domicílios distintos, qual lei deverá ser aplicada?

Com os exemplos citados, podemos verificar que os temas que envolvem mais de uma jurisdição são bastante comuns. O principal problema a ser enfrentado nos referidos casos está em identificar a lei – elemento de conexão – a ser aplicada.

Para resolver uma questão que envolve o conflito de leis no espaço, é essencial seguirmos os seguintes passos:
1. examinar o fato;
2. identificar as jurisdições envolvidas;
3. identificar a regra conflitual, chamada de *elemento de conexão* (que veremos adiante);
4. com base no elemento de conexão, por exemplo, o domicílio (art. 7º da Lei de Introdução às Normas do Direito Brasileiro – LINDB), aplicar a lei (regra de direito material) do país (ordenamento jurídico) em que a pessoa tem seu domicílio.

Vamos exemplificar: suponha-se que um indivíduo francês de 19 anos, domiciliado na França, de passagem pelo Brasil, celebra um testamento e, aqui no Brasil, questiona-se a capacidade jurídica do francês em celebrar o ato jurídico. Há que se levar em consideração que a capacidade jurídica no Brasil é 18 anos e que, na França, hipoteticamente, é 21 (Dolinger, 2005).

Surge, nesse exemplo, o conflito de leis no espaço, notadamente porque o juiz brasileiro – que precisa analisar o fato antes de aplicar a lei ao caso concreto e decidir se o ato jurídico é válido ou não – deverá resolver o conflito de leis no espaço.

Há que se levar em consideração que existem dois caminhos que podem ser adotados pelo juiz, no caso imaginário:
1. aplicar a lei brasileira, em que a capacidade jurídica é aos 18 anos e, portanto, o testamento seria válido;
2. aplicar a lei francesa, em que a capacidade jurídica (hipoteticamente) é aos 21 anos e, portanto, o testamento não seria válido.

Com o intuito de resolver o conflito de leis no espaço, o juiz deverá, por meio do art. 7º da Lei de Introdução às Normas do Direito Brasileiro (LINDB) – Decreto-Lei n. 4.657, de 4 de setembro de 1942 (Brasil, 1942), identificar o elemento de conexão, que é o domicílio da pessoa. O elemento de conexão é a regra indicativa e conflitual que, uma vez aplicada, evidenciará ao juiz a lei de direito material que ele deverá aplicar. Assim, resolve-se o conflito de lei no espaço.

Se antes o juiz tinha dois caminhos a seguir, agora, com o elemento de conexão (domicílio da pessoa) identificado, ele aplicará a regra de direito material da França, por ser a localidade de domicílio. Como estamos hipoteticamente afirmando que na França a capacidade jurídica é aos 21 anos, então o ato jurídico não será válido.

Veja que o elemento de conexão é um critério que, uma vez aplicado, resolve os conflitos de leis no espaço. Conforme você verá no decorrer do presente capítulo, os elementos de conexão estão previstos na Lei de Introdução às Normas do Direito Brasileiro (Decreto-Lei n. 4.657/1942), do art. 7º ao 10º.

Ainda que o principal objeto de estudo do direito internacional privado seja o conflito de leis no espaço (decorrendo daí sua natureza jurídica conflitual), esse campo também se ocupa de outros temas, como nacionalidade, conflito entre jurisdições, condição jurídica do estrangeiro e teoria dos direitos adquiridos (Dolinger, 2005).

Cada Estado estabelece, dentro de seus ordenamentos jurídicos, as regras para resolver o conflito de leis no espaço. Quando a regra de conexão indicar ao juiz a aplicação da lei estrangeira, com o intuito de resolver o conflito de leis no espaço, há que se excluir a aplicação da lei nacional. Isso vale em situações em que o fato analisado englobar a pluralidade de sistemas jurídicos. Consideramos, assim, a pluralidade de sistemas jurídicos (leis dos Estados) como o elemento diferenciador entre o DIP e o direito internacional privado (Araújo, 2006).

Vale a pena reforçarmos que o que difere o direito internacional privado do DIP é seu objeto de estudo. Por exemplo, o direito internacional privado pode trabalhar com temas de interesse do DIP, como os tratados.

Naturalmente, quando o direito internacional privado estuda os tratados, a análise é efetuada dentro da jurisdição dos Estados, como forma de examinar os efeitos da norma internacional dentro do ordenamento jurídico estatal. Devemos levar em consideração também que os tratados podem ser utilizados como um importante instrumento para uniformizar ou aproximar as legislações, conforme veremos mais adiante.

Soma-se a isso o fato de que o direito internacional privado, como trabalha com temas que envolvem nacionalidade e condição jurídica do estrangeiro, ou seja, assuntos que têm natureza jurídica de direito público, apresenta uma natureza jurídica dual (direito público e privado).

O direito internacional privado é eminentemente conflitual, já que seu principal objeto de estudo é o de resolver o conflito de leis no espaço, sendo também entendido como um sobredireito, já que torna necessária a incidência de duas normas jurídicas (Dolinger, 2005):

1. uma de natureza conflitual, a qual indica a regra de direito material a ser aplicada;
2. a outra é a própria regra de direito material.

Finalmente, o direito internacional privado apresenta dois métodos de solução de conflitos de leis no espaço: o **método conflitual**, no qual se utilizam os elementos de conexão, e o **método uniformizador**, no qual ganham relevância os tratados e as grandes convenções internacionais, aplicados no sentido de unificar ou harmonizar as legislações dos Estados em relação aos temas de grande interesse do direito internacional privado, dando maior segurança jurídica no cumprimento das regras.

Agora que já analisamos o conceito e as delimitações do direito internacional privado, vamos passar ao estudo de seu histórico.

6.2 Histórico do direito internacional privado

Assim como fizemos com o DIP no Capítulo 1, optamos novamente por dividir nosso estudo sobre o direito internacional privado em períodos históricos. Trata-se de uma escolha metodológica, para melhor compreensão do tema (Dolinger, 2005).

Idade Antiga

A Idade Antiga vai até o século V, sendo marcada pela invasão dos povos bárbaros a Roma, com a consequente queda do Império Romano. Nesse período, estabeleceu-se o final da unidade territorial e legislativa até então existente e decorrente do *ius civile* e do *ius gentium**. Consequentemente, cada povo bárbaro passou a se reorganizar em tribos com leis próprias, em geral decorrentes de normas costumeiras. Se um indivíduo de uma tribo bárbara tivesse de ser julgado em outra tribo bárbara, ele poderia escolher a lei à qual gostaria de se subjugar (a de sua tribo ou a da tribo onde se encontrasse). Ocorreria, nesse aspecto, uma espécie de conflito de leis no espaço (Dolinger, 2005).

---

* A expressão *ius civile* serve para designar o direito aplicado ao cidadão na Roma Antiga, enquanto a expressão *ius gentium* diz respeito ao direito das gentes, o direito comum a todos.

Mapa 6.1 – Fim da Idade Antiga: invasões bárbaras

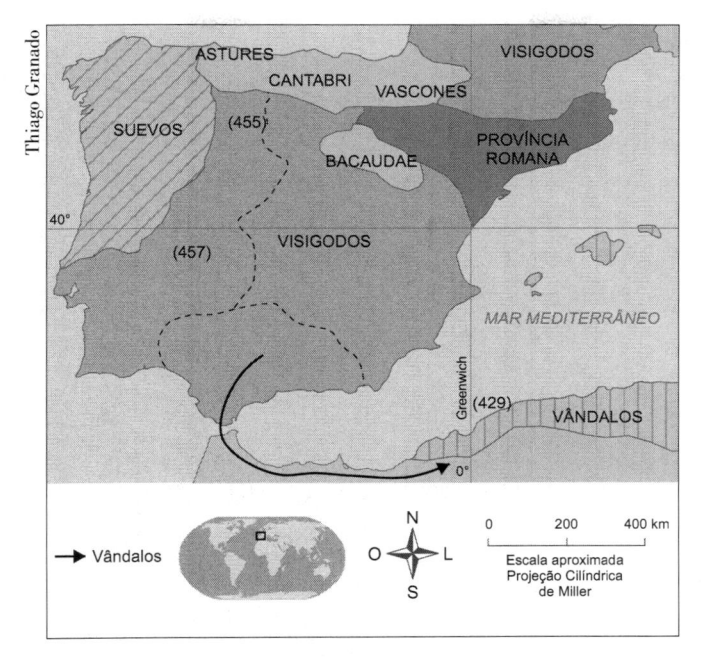

Fonte: Brasil, 1967.

Idade Média

A Idade Média compreende o momento que vai do século V até o século XV e pode ser dividida em dois grandes momentos: o primeiro é marcado pelo feudalismo e vai até o século XIII aproximadamente; o segundo é marcado pelas escolas estatutárias e compreende o período posterior ao século XIII.

No período do **feudalismo**, as trocas comerciais ocorriam dentro das grandes feiras e a aplicação da lei era territorial. Contudo, foi nesse período que teve início um grande movimento dos Estados, que se voltaram para o comércio com o Oriente. Nesse contexto, existiam determinadas cidades que não eram afetas ao regime feudal e, em razão de sua vantajosa posição geográfica, localizadas perto dos portos, eram vocacionadas ao comércio – como era o caso de Padova, Veneza, Gênova e Florença.

Assim, cada cidade tinha seu próprio conjunto de leis e estatutos (estatuto civil, comercial, penal etc.). Desse modo, se um cidadão de Veneza se encontrasse em Padova e tivesse de resolver uma questão sucessória ou comercial, seria necessário estabelecer os critérios para identificar a lei a ser aplicada, a de Veneza ou a de Padova (Dolinger, 2005).

Para saber mais

O MERCADOR de Veneza. Direção: Michael Radford. Itália/Luxemburgo/Reino Unido: Sony Pictures, 2004. 131 min.

O filme trata da história de um jovem nobre que envolve o amigo em uma dívida de penhora. O pagamento, no entanto, envolve um pedaço de carne do corpo. Baseado em uma peça de William Shakespeare, o filme traz a discussão sobre a execução ou não de uma condição na Veneza medieval, ligada ao intercâmbio comercial e a rotas marítimas. É, basicamente, a parte prática do que estamos estudando neste capítulo. Também podemos associar o enredo do filme com os seguintes temas: escolas estatutárias, direito internacional privado, ordem pública e condição jurídica dos estrangeiros.

Após o declínio do feudalismo, surgiram as **escolas estatutárias**. Elas contribuíram para o advento do direito internacional privado. Como vimos anteriormente, na Idade Média, cada cidade tinha seu próprio conjunto de leis (estatuto que regulamentava as relações jurídicas entre as pessoas). Nesse panorama, cada escola estatutária apresentava uma proposta diferente:

» **Escola estatutária italiana** (séculos XI a XV): Estudava direito romano e fazia a distinção do estatuto pessoal.

» **Escola estatutária francesa** (século XVI): Trouxe grandes progressos para o direito internacional privado, introduzindo a teoria da autonomia da vontade e da territorialidade, princípio que previa a aplicação da lei do lugar da assinatura do contrato, valorizando a vontade expressa.

» **Escola estatutária holandesa** (século XVII): Aceitou a teoria territorialista, avançando ainda mais na busca nacionalista de emancipação.

A escola estatutária **italiana** foi marcada pela presença dos glosadores, no século XI, os quais reinterpretaram o direito romano da Idade Antiga, adaptando-o aos valores morais e sociais da Europa medieval, realizando anotações (Dolinger, 2005).

Contudo, o período mais marcante foi o dos pós-glosadores, que ocorreu entre os séculos XIV e XV, tendo como um de seus principais expoentes o jurista Bártolo de Sassoferrato. Nesse período, houve a distinção entre as regras de direito processual e as regras de direito material.

As regras de direito processual seriam regidas pelo critério da *lex fori* (lei do foro), ao passo que as regras de direito material deveriam ser aplicadas no local em que o ato fosse realizado, de acordo com o critério *locus regit actum* (o local rege o ato).

Já em relação aos ilícitos civis, seria necessário observar a lei do local de ocorrência, de acordo com o critério *lex loci delicti commissi* (lei do local da perpetração do delito). Nesse sentido, promoveu-se a distinção entre direitos reais (para regulamentar as relações jurídicas sobre posse e propriedade) e pessoais (questões referentes a nome, capacidade, personalidade e direitos de família), além das primeiras noções sobre a ordem pública – que, em termos objetivos, impediriam a aplicação da lei estrangeira (Dolinger, 2005).

Vista a escola estatutária italiana, chega a hora de falarmos sobre a **francesa**. Ela teve como seus principais expoentes o jurista Charles Dumoulin, com a contribuição sobre a teoria da autonomia da vontade, em contraposição à teoria do territorialismo, do jurista Bertrand D'Argentré.

No que diz respeito à aplicação da lei que deveria regulamentar as relações contratuais, a França adotava, tradicionalmente, a lei do local em que o contrato teria sido celebrado, por um critério territorial. Todavia, Dumoulin argumentava que seria perfeitamente possível às partes escolherem outra lei, diferente daquela da celebração do contrato, como a lei do local da situação do bem. Foi aí, inclusive, que nasceu a teoria da autonomia da vontade (Dolinger, 2005).

A terceira das escolas estatutárias foi a **holandesa**, que teve como referencial o filósofo Ulrich Huber. Ele trabalhou com a teoria do territorialismo acentuado, dividindo-a em três princípios (Dolinger, 2005):

1. As leis de cada Estado imperam dentro de suas fronteiras e obrigam a todos os seus súditos; essas leis não produzem efeitos fora dos limites do Estado (regra geral).
2. Os súditos do Estado são aqueles, nacionais ou estrangeiros, que, em determinado momento, encontrem-se dentro do território do Estado.
3. Em determinadas situações, os soberanos dos Estados (quando as questões de Estado assim exigirem) deverão fazer todo o possível para que suas leis possam ser aplicadas nas jurisdições de outros Estados.

O que fundamentaria a eficácia extraterritorial da lei seria um ato de cortesia internacional. Em outras palavras, o soberano que admite a aplicação de uma lei estrangeira em seu território realiza um ato de cortesia. Trata-se da chamada *comitas gentium* (cortesia internacional), que representou, dentro do direito internacional privado, um fundamento importante para a eficácia extraterritorial da lei (Dolinger, 2005).

Idade Moderna

No período posterior à Idade Média, isto é, na Idade Moderna, os principais expoentes que interessam ao nosso estudo são três: Joseph Story, Friedrich Carl von Savigny e Pasquale Mancini.

Joseph Story foi quem empregou pela primeira vez a expressão *direito internacional privado*, fazendo isso dentro da escola anglo-americana. Story era juiz da Corte Suprema Norte-americana e professor da Universidade de Harvard. Sua principal contribuição foi ter aperfeiçoado a ideia da *comitas gentium*, passando a defender a tese de que a aplicação da lei estrangeira teria como fundamento a busca da boa justiça. Com o intuito de buscar a boa justiça, nas hipóteses em que houvesse o conflito de leis no espaço, seria necessário fixar determinados critérios para identificar a lei que deveria ser aplicada.

Assim, para o autor, no que diz respeito ao estado e à capacidade das pessoas, valeria a regra geral do domicílio, com exceções para a capacidade para contratar, em que seria aplicada a lei do local da celebração do contrato.

No que diz respeito ao matrimônio, em relação a capacidade, forma e validade do casamento, ele expõe que deveria ser aplicada a lei do local de celebração. Já em relação ao regime de bens, se houvesse pacto antenupcial, deveria ser observado o que fora pactuado. Na ausência do pacto, aplicar-se-ia a lei do domicílio conjugal (em relação aos bens móveis). No que tange aos bens imóveis, valeria a lei do local da situação (localização do bem). Já, no que diz respeito às questões contratuais, seria aplicada a lei do local de sua elaboração, com ressalvas para a lei do local de sua execução.

Além disso, Story estabeleceu o critério da ordem pública como um limite que impediria a aplicação da lei estrangeira. Nesse sentido, as leis estrangeiras que fossem "repugnantes" ao ordenamento jurídico local não seriam aplicadas (Dolinger, 2005).

O segundo autor expoente de quem vamos falar é **Friedrich Carl von Savigny**. Trata-se de um jurista alemão que defendeu a tese de que os interesses dos povos e dos indivíduos dentro de uma sociedade necessitariam de uma igualdade no tratamento jurídico. Assim, nas relações jurídicas em que houvesse o conflito de leis no espaço, a decisão a ser adotada, no sentido de se identificar os critérios para determinar a lei a ser aplicada, deveria ser sempre a mesma, independentemente da jurisdição e do Estado. Isso aconteceria porque as pessoas viveriam em uma "comunidade de direito entre diferentes povos".

Para Savigny, dentro da referida "comunidade de direito entre diferentes povos", para cada situação jurídica em que houvesse conflito de leis no espaço, seria necessário encontrar o direito mais próximo para resolvê-lo, isto é, identificar a sede da relação jurídica.

Dessa forma, Savigny, com o intuito de identificar a sede da relação jurídica, procurou identificar critérios comuns e que poderiam ser aplicados a todos os ordenamentos jurídicos. O intuito foi resolver os conflitos de leis no espaço por meio dos critérios ou elementos de conexão. Para ele, a sede seria representada pelo domicílio das pessoas, no que diz respeito ao seu estado e à capacidade jurídica. Interessaria, assim, a localização da coisa como critério para qualificá-la e regê-la.

Em relação ao direito obrigacional, o autor, assim como Joseph Story, trouxe hipóteses em que a lei estrangeira não poderia ser aplicada, devendo ser cumprida a lei nacional. Entre essas hipóteses, encontramos a poligamia, a morte civil, a escravidão e a proibição de aquisição de propriedade imobiliária pelos judeus (Dolinger, 2005).

O terceiro autor, o italiano **Pasquale Mancini**, trabalhou com o trinômio da nacionalidade, liberdade e soberania. Uma de suas grandes contribuições para o direito internacional privado foi ter inserido o critério da nacionalidade como determinador do estatuto pessoal dentro do direito europeu continental.

Para Mancini, determinadas questões seriam sempre regidas pela lei da nacionalidade da pessoa, como estado, capacidade jurídica e relações de família. Temos, assim, o princípio da nacionalidade. Segundo o autor, questões referentes a bens, contratos e demais obrigações poderiam ser regidas pelas leis que as partes livremente escolhessem, ou seja, as leis supletivas que integrariam o princípio da liberdade.

Finalmente, Mancini propõe um terceiro setor das relações jurídicas, em que a sociedade deveria se submeter às leis do foro. Aqui entrariam as questões de direito público e de ordem pública. Nesse sentido, todos que se encontrassem em um determinado Estado deveriam se submeter à aplicação da lei nacional. É o que conhecemos como *princípio da soberania* (Dolinger, 2005).

Verificamos, portanto, que, assim como acontece no DIP, o histórico do direito internacional privado é extremamente importante para que possamos melhor compreender as origens da construção dos elementos de conexão e o motivo de aplicação da lei estrangeira. Tais elementos são essenciais para compreendermos o conceito de direito internacional privado, que continuaremos estudando a seguir.

6.3 Denominação e conceito de direito internacional privado

Uma vez que examinamos a natureza jurídica, o objeto de estudo e o histórico do direito internacional privado, temos a exata noção e dimensão da importância da disciplina, de forma a melhor compreender que se trata, em verdade, de direito interno. Percebemos que seu objetivo principal consiste em resolver os conflitos de leis no espaço e que, para isso, torna-se necessário trabalhar com os elementos de conexão.

Dessa maneira, podemos dizer que o direito internacional privado estuda os casos e as hipóteses de eficácia extraterritorial da lei, sem a isso se limitar, naturalmente, tendo em vista o objeto de estudo da disciplina.

Como vimos anteriormente, a denominação *direito internacional privado* é imprecisa, uma vez que a disciplina, em verdade, não é de direito internacional, mas sim de direito interno, além de trabalhar com temas tanto de direito privado como de direito público.

Conforme esclarece Dolinger (2005), o que contribui para a referida imprecisão na terminologia é o fato de o direito internacional privado no Brasil adotar a teoria francesa no que diz respeito ao seu objeto de estudo. O autor defende que a melhor denominação seria mesmo *conflict of laws*, estabelecida por Joseph Story em 1834 (Dolinger, 2005). Como o próprio nome diz, é preciso estabelecer critérios para resolver os conflitos de leis no espaço. Essa denominação é a mais acertada também para a escola anglo-americana, porque se traduz no principal objeto do direito internacional privado.

Podemos acrescentar que o direito internacional privado é um ramo do direito que tem por objetivo estudar não só o conflito de leis no espaço, mas também o conflito entre as jurisdições, a nacionalidade e a condição jurídica do estrangeiro, bem como temas sobre a teoria dos direitos adquiridos. Nesse sentido, a doutrina brasileira acolheu os ensinamentos da doutrina francesa. Ainda assim, destacamos que o principal objeto de estudo consiste em resolver os conflitos de leis no espaço, afinal, estamos tratando de natureza jurídica conflitual e de direito interno.

Sobre o conceito de direito internacional privado, vale destacar a lição de Del'Olmo (2014, p. 34), que o relaciona a um

> *conjunto de normas de direito público interno que busca, por meio dos elementos de conexão, encontrar o direito aplicável, nacional ou estrangeiro, quando à lide*

comporta opção entre mais de uma ordem jurídica para solucionar o caso. Cabe salientar a presença implícita de um elemento externo, que faça conexão entre o direito interno e o estrangeiro.

Nesse panorama, torna-se inegável a relação do direito internacional privado com vários ramos do direito. Dentre eles, podemos destacar o DIP, como já citamos, e o direito comparado.

Acerca dessa relação entre o direito internacional privado e o DIP, devemos levar em consideração a técnica legislativa do direito uniforme e a relevância dos tratados, além da consequente incorporação ao direito interno. É por meio "do processo de aprovação e de ratificação das convenções internacionais que regras referentes ao conflito de leis são internalizadas, transformando-se em leis nacionais" (Waisberg, 2013).

Já a relação com o direito comparado serve como um importante instrumento de intérprete do direito estrangeiro, de forma a trazer elementos para o jurista saber como interpretá-lo e aplicá-lo (Waisberg, 2013).

Examinamos o conceito de direito internacional privado com o intuito de melhor compreender seu mecanismo de funcionamento. Agora vamos estudar suas fontes.

6.4 Fontes do direito internacional privado

As fontes de direito internacional privado podem ser conceituadas como os meios e as formas pelas quais suas normas jurídicas se manifestam. No caso brasileiro, indubitavelmente, a principal fonte é a legislativa, representada pela Lei de Introdução às Normas do Direito Brasileiro – LINDB (Decreto-Lei n. 4.657/1942), que estabelece as regras de conexão.

Vale dizer que, no Brasil, a LINDB regulamenta a matéria em seus arts. 7º ao 19 e a maioria dos Estados prevê as normas de direito internacional privado em suas legislações esparsas ou em leis específicas.

As fontes do direito internacional privado classificam-se em: **leis**, **tratados**, **doutrina** e **jurisprudência** (Del'Olmo, 2014). Lembramos também que as leis são fontes legislativas de direito interno, enquanto os tratados ou as convenções são fontes legislativas de direito internacional. Além disso, podemos indicar como fontes os costumes, mas não trabalharemos com eles nesta obra.

Dentro do direito internacional privado, as **leis** são classificadas como as principais fontes, tendo em vista que nesse meio não existe uma verdadeira codificação de normas. Assim, o que prevalece é a diversidade das legislações dos Estados: cada um fixará os seus critérios de conexão para resolver os conflitos de leis no espaço, assim como legislarão sobre outros temas afetos ao direito internacional privado.

Dessa maneira, os elementos de conexão são extremamente importantes, pois funcionam como instrumentos para resolver os conflitos de leis no espaço. Temos, portanto, o método conflitual de solução.

Antes de prosseguirmos na análise das fontes, é importante conceituarmos os **elementos de conexão**. Eles podem ser definidos como regras indiretas que, uma vez aplicadas, indicam qual regra de direito material (lei) deve ser seguida (Dolinger, 2005).

Em nosso ordenamento jurídico, temos os seguintes elementos de conexão, que seguem a classificação de acordo com a LINDB e são didaticamente expostas por Del'Olmo (2014):

» **Pessoais**: Nacionalidade e domicílio – são considerados os principais elementos de conexão.
» **Reais**: Lei do local da situação do bem, se for imóvel; domicílio do proprietário, se for bem móvel.

» **Reais de natureza especial**: Lei do pavilhão (navios ou aeronaves).
» **Delituais ou penais**: Lei do local da perpetração do delito.
» **Voluntários**: Lei do local da celebração do ato, lugar de sua execução ou, ainda, o local de escolha das partes.
» **Normativos**: *lex fori, lex causae*.

Gomes e Winter (2006, p. 156-157) explicam como a matéria está sistematizada na LINDB:

> *a) LINDB, artigo 7º: Estatuto Pessoal (nome, capacidade, personalidade e "direitos de família). No caput do artigo 7º da LINDB, a regra de conexão é o domicílio da pessoa (Lex domicili). No que diz respeito aos temas de direito de família, especialmente em relação à nulidade do casamento, o critério adotado é o da lei do local da celebração do casamento (Lex loci celebrationis), LINDB, artigo 7º, Parágrafo 1º. No que diz respeito ao regime de bens, LINDB, artigo 7º, Parágrafo 4º, o critério de conexão é o da lei do domicílio dos nubentes e, se este for diverso, aplica-se a lei do último domicílio conjugal.*
>
> *b) LINDB, artigo 8º: Estatuto Pessoal: direitos reais mobiliários ou imobiliários. Relativamente aos bens imóveis, aplica-se a lei do país em que se situar a coisa, critério (Lex rei sitae) – LINDB artigo 8º caput. Navios e aeronaves, por uma ficção jurídica, são considerados como bens imóveis, pois estão sujeitos a hipoteca e a registro na jurisdição de algum Estado. Nestes casos, aplicar-se-á a lei do local de registro dos mesmos. Relativamente aos bens móveis e ao penhor, artigo 8º, Parágrafos 1º e 2º da LINDB, aplica-se, como regra de conexão, a lei do local do domicílio do proprietário ou do detentor da coisa que esteja em seu poder (no caso do penhor).*

Especificamente, no caso do parágrafo 1º do artigo 8º da LINDB o critério da lei a ser aplicada é o (Mobilia sequuntur personam).

c) LINDB, artigo 9º: Ato Jurídico: a regra geral, relativamente a lei a ser aplicada nas relações jurídicas em comento e o da lei do local da realização do ato jurídico, critério (Lócus regit actum). Nas hipótese [sic] de contratos celebrados entre ausentes,. de acordo com o que dispõe o parágrafo 2º do artigo 9º da LINDB, a obrigação reputa-se constituída no domicílio do proponente. Relativamente a regra do artigo 9º, parágrafo 1º da LINDB há que se fazer uma distinção em relação aos requisitos de validade dos atos jurídicos: requisitos formais e requisitos substanciais do ato jurídico. Relativamente aos requisitos formais, aplica-se a lei do local da constituição (lócus regit actum ou Lex loci contractus) da obrigação e, relativamente aos requisitos substanciais, aplicar-se-á a lei do local da execução da obrigação (lex loci executionis).

d) LINDB, artigo 10: Direito Sucessório e capacidade para suceder: referentemente ao referido tema, aplicar-se-á a lei do domicílio do falecido. Se a sucessão versar sobre bens de estrangeiros, situados no Brasil, aplicar-se-á a lei brasileira, em benefício do cônjuge brasileiro, de seus filhos ou quem os represente, salvo se a lei pessoal do de cujus for mais favorável (parágrafo 1º, artigo 10 da LINDB). Já a lei do domicílio do herdeiro ou do legatário regula a capacidade para suceder [...]

Dentro do direito internacional privado, existem também outras regras de conexão, como: lex patriae (lei da nacionalidade da pessoa, para o estatuto pessoal), lex loci solucionis (lei do local onde a obrigação principal do contrato deve ser cumprida), lex voluntatis (possibilita que as partes escolham a lei a ser aplicada, relativamente as obrigações contratuais), lex loci delicti (lei do local em que o ilícito foi cometido), lex loci celebrationis (lei do local da celebração do contrato) etc.

Outro instituto importante dentro do direito internacional privado é a qualificação, que pode ser entendida como um pressuposto para a identificação do elemento de conexão. Ou seja, antes mesmo da identificação do elemento de conexão, é necessário qualificar o fato.

Qualificar significa "classificar"; trata-se de uma operação técnica e jurídica por meio da qual o jurista abstrai um fato ocorrido em sociedade agregando valores e trazendo-o ao mundo jurídico. Esse procedimento permite classificá-lo em uma das categorias jurídicas admitidas pelo direito internacional privado, podendo ser elas:

» **Estatuto pessoal** (art. 7º da LINDB): Diz respeito ao nome, à capacidade, à personalidade e aos direitos de família.

» **Estatuto real** (art. 8º da LINDB): Versa sobre a propriedade de bens móveis e imóveis.

» **Ato jurídico** (art. 9º da LINDB): Regulamenta a validade e os efeitos dos atos jurídicos.

» **Direito sucessório** (art. 10 da LINDB): Regulamenta questões sobre sucessão de bens.

Por fim, existem dois critérios para fim de fixação da lei determinadora em relação à qualificação:

1. **Critério *lex fori*:** Aplica-se a lei do foro, a lei nacional para qualificar o fato (LINDB, arts. 7º e 10).

2. **Critério *lex causae*:** Aplica-se a lei estrangeira, a lei do outro ordenamento jurídico envolvido no fato, para fins de qualificação (arts. 8º e 9º da LINDB).

O art. 16 da LINDB versa sobre o tema da teoria do reenvio, o qual pressupõe o conflito negativo de leis no espaço relativamente aos elementos de conexão. É o caso de um indivíduo de nacionalidade brasileira e domiciliado na Itália, por exemplo.

O ordenamento jurídico que adota como regra de conexão a nacionalidade aponta para a aplicação da lei brasileira (regra de direito material), ao passo que a regra de conexão do ordenamento jurídico brasileiro aponta para a aplicação da lei italiana – lei do seu domicílio.

A situação ocorre quando o elemento de conexão do ordenamento jurídico que examina o fato (a nacionalidade) indica para a aplicação da lei estrangeira. A regra de conexão – o domicílio – do outro ordenamento jurídico, por sua vez, indica a aplicação da lei de origem. Nesse caso, a regra de conexão do outro ordenamento jurídico faz remissão para a aplicação do ordenamento jurídico de origem.

A situação, nessa hipótese, depende da previsão legal do ordenamento jurídico que efetivamente examina o fato, pois, se este autorizar o reenvio, o juiz nacional desconsiderará sua regra de conexão e aplicará a regra de conexão do outro ordenamento jurídico. Desse modo, a lei a ser aplicada seria a sua.

Por outro lado, se seu ordenamento jurídico não admite o reenvio, o juiz considerará, para fins de aplicação da lei estrangeira, sua regra de conexão e aplicará, se for o caso, a lei estrangeira. No ordenamento jurídico brasileiro, de acordo com o disposto no art. 16 da LINDB, o reenvio não é admitido.

O reenvio possui classificações, de acordo com o número de jurisdições envolvidas: duas jurisdições correspondem ao reenvio de primeiro grau; três jurisdições, reenvio de segundo grau; e assim sucessivamente.

Os **tratados** e as **convenções internacionais** também são classificados como fontes legislativas do direito internacional privado. Eles têm grande importância no sentido de buscar a aproximação das legislações por meio de técnicas legislativas, como harmonização e uniformização.

Para Araújo (2006, p. 66),

> com a ratificação e promulgação de inúmeras convenções interamericanas de DIPr, elaboradas pelas CIDIPs, integramo-nos afinal ao sistema latino-americano de uniformização setorial de DIPr. Outra fonte normativa de caráter regional são os documentos provenientes do Mercosul. [...] Além da codificação regional, a Conferência da Haia é o fórum específico do DIPr, de caráter universal. Duas convenções foram importantes daquela instituição integram o sistema nacional: a Convenção sobre os Aspectos Civis do Sequestro Internacional de Menores (1980) e a Convenção sobre Cooperação Internacional e Proteção de Crianças e Adolescentes em Matéria de Adoção Internacional (1993), tendo o Brasil voltado a participar da Conferência em 2000.

Na mesma linha, Dolinger (2005) esclarece que os tratados, antes de tudo, materializam um conjunto de estudos doutrinários realizados ao longo de anos pelos delegados dos Estados. Dessa maneira, podemos considerá-los fontes costumeiras de direito internacional privado.

É relevante citarmos ainda um conceito importante para o direito internacional privado e diretamente ligado ao tema do comércio internacional: a *lex mercatoria*. De acordo com Waisberg (2013, p. 30), esse sistema tem como objetivo "identificar e sistematizar as regras do comércio internacional [com o intuito de] reduzir as incertezas ao estipular regras claras que contribuem para maior eficiência e lucro".

Além disso, a *lex mercatoria* trata da "ordem jurídica autônoma, criada de forma espontânea pelos agentes do comércio internacional" (Strenger, 2005, p. 77) e tem como característica o fato de estar em constante evolução. Justamente por isso, ela é atual e flexível, sendo que "no ordenamento jurídico brasileiro é aplicável de forma autônoma" (Waisberg, 2013, p. 30).

Como exemplo de *lex mercatoria* podemos citar os Termos Internacionais de Comércio (Incoterms), que consistem em regras relativas ao comércio internacional publicadas pela Câmara de Comércio Internacional (CCI) e adotadas por empresas para facilitar a exportação e a importação de produtos. Os Incoterms têm por objetivo "facilitar a operacionalização dos contratos de compra e venda, minimizar as diferenças entre as partes envolvidas, uniformização e harmonização dos contratos internacionais" (Waisberg, 2013, p. 35).

Finalmente, chegamos às fontes **doutrina** e **jurisprudência**. Nas palavras de Araújo (2006, p. 144):

> *a primeira (doutrina) manifesta-se como intérprete e guia para a segunda (jurisprudência) que aparece nas decisões do Supremo Tribunal Federal – no cumprimento de sua competência originária, julgando sentenças estrangeiras, cartas rogatórias e extradição. A justiça estadual cuida dos casos referentes ao direito de família, sucessão e contratos internacionais, e a justiça federal daqueles dentro de sua competência pela matéria.*

O direito, de forma geral e não somente na área do direito internacional, guia-se por um tripé jurídico que deve ser analisado sempre. Já vimos o primeiro componente desse: a legislação ou, no direito internacional, os **tratados** e as **convenções**.

O segundo componente formador do tripé é a **doutrina**, que nada mais é que o conjunto de teorias de direito sobre os mais diversos assuntos jurídicos. São exemplos de doutrinadores internacionalistas todos os autores ora mencionados no estudo do presente tema. Há que se observar que a doutrina pode divergir a respeito de determinados assuntos, não sendo sempre pacífica.

O terceiro componente desse tripé jurídico é a **jurisprudência**, que, ao seu turno, consiste no conjunto de decisões e interpretações proferidas pelos tribunais. Atualmente, aliás, vivemos um momento em que a jurisprudência vem ganhando cada vez mais destaque no Brasil, sendo, portanto, importante acompanhar os entendimentos dos tribunais, especialmente do Supremo Tribunal Federal – STF (órgão de cúpula do direito brasileiro).

6.5 Classificação das normas de direito internacional privado

Nesta seção, vamos discutir como classificar as normas de direito internacional privado. De acordo com Dolinger (2005), a categorização é feita da seguinte maneira:

1. **Quanto à natureza jurídica:**
   » **Normas conflituais ou indiretas**: São aquelas que, uma vez aplicadas, não resolvem diretamente a questão, mas indicam a regra de direito material que deverá ser aplicada. São os chamados *elementos de conexão*. Exemplo: LINDB, arts. 7º ao 10 (*caputs*).
   » **Normas diretas ou solucionadoras**: São aquelas que, uma vez aplicadas, resolvem diretamente a relação jurídica. Exemplo: as regras contidas na Lei de Migração – Lei n. 13.445 de 24 de maio de 2017 (Brasil, 2017) – e no art. 12 da Constituição Federal (CF) de 1988 (sobre a nacionalidade).
   » **Normas qualificadoras**: Servem para melhor interpretar e conceituar um instituto jurídico. Exemplo: regra do art. 7º, parágrafo 7º da LINDB (estabelece a extensão do conceito de chefe de família).

2. **Quanto à estrutura:**
   » **Normas bilaterais**: De acordo com Araújo (2006), que utiliza a norma do Código Civil Italiano como exemplo, "o es-

tado, a capacidade das pessoas e as relações de família são regidas pela lei do Estado a que elas pertencem". Trata-se de uma norma elaborada pelo legislador em que se considera que, na situação abstrata, tanto pode ser aplicada a lei nacional quanto a lei estrangeira. É o caso das regras dos arts. 7º, 8º, 9º e 10 (*caput*) da LINDB.

» **Normas unilaterais**: Como afirma Araújo (2006), utilizando como exemplo o Código de Napoleão, "as leis concernentes ao estado e à capacidade das pessoas regem os franceses, mesmo residentes em país estrangeiro". Em outras palavras, as regras de natureza unilateral são as regras de conexão criadas pelo legislador, às quais, independentemente da situação abstrata, sempre deverá ser aplicada a lei nacional. Exemplo: regra do art. 7º, parágrafo 1º, da LINDB.

6.6 Interpretação e aplicação da lei estrangeira por juiz nacional

Uma vez examinadas as fontes de direito internacional privado e os elementos de conexão, assim como a sua sistematização na LINDB, torna-se importante conhecermos como a lei estrangeira poderá ser interpretada e aplicada pelo juiz nacional.

No ordenamento jurídico do Brasil, quando o elemento de conexão apontar para a lei estrangeira, o juiz tem a obrigação de aplicá-la, ainda que de ofício, já que a lei estrangeira é entendida como direito.

Mesmo que o juiz seja obrigado a aplicar a lei estrangeira, ele não é obrigado a conhecer seu teor e sua vigência, pois, de acordo com os arts. 14 da LINDB (Brasil, 1942) e 337 do Código de Processo Civil (CPC) – Lei n. 5.869, de 11 de janeiro de 1973

(Brasil, 2006) –, a parte que invocar a aplicação de direito estrangeiro deverá fazer prova do seu teor e da sua vigência, se assim determinar o juiz (Dolinger, 2005). Caso a parte não o faça, podem ocorrer as seguintes situações, de acordo com Dolinger (2005):

» extinção do processo, sem julgamento de mérito, pelo fato de a parte não ter feito a devida prova quando solicitada pelo juiz;
» afastamento da lei estrangeira e aplicação, por analogia, da lei nacional mais próxima ao fato ou de alguma outra lei que o juiz entenda ser similar à lei estrangeira.

No que diz respeito à aplicação da lei estrangeira, o magistrado deverá aplicá-la de forma a conservar o seu sentido original, como se fosse juiz do país no qual a norma tem origem, notadamente porque a norma deve atingir os fins sociais a que se destina (Dolinger, 2005).

Na hipótese de o juiz não aplicar a lei estrangeira ou de aplicá-la indevidamente, a decisão é passível de recurso. Nesse sentido, pode haver a ação rescisória, recurso extraordinário, perante o Supremo Tribunal Federal (STF), ou o recurso especial, perante o Superior Tribunal de Justiça (STJ), de acordo com as normas processuais vigentes.

A aplicação da lei estrangeira por parte do juiz nacional encontra exceções previstas no art. 17 da Lei de Introdução às Normas do Direito Brasileiro – Decreto-Lei n. 4.657, de 4 de setembro de 1942 (Brasil, 1942). No caso em exame, a ordem pública serve como uma análise prévia sobre a possibilidade ou não da aplicação da lei estrangeira por parte do juiz nacional.

Em suma, a ordem pública é um conceito fluido, que varia de ordenamento jurídico para ordenamento jurídico e muda de tempos em tempos. Pode ser entendida como o conjunto de valores éticos, morais, socais, culturais, históricos, filosóficos e jurídicos aplicados a determinada sociedade, em determinado período de tempo.

Síntese

Neste capítulo, você conheceu os principais aspectos do direito internacional privado. Para sintetizar, relacionamos no quadro a seguir alguns dos principais conceitos e ideias para uma revisão sobre o assunto.

Quadro 6.1 – *Principais aspectos do direito internacional privado*

Conceito	É o ramo da ciência jurídica que resolve conflitos de leis no espaço, indicando a norma nacional aplicável a uma relação privada com conexão internacional.
Natureza jurídica	Trata-se de direito interno, notadamente porque trabalha com temas jurídicos que ocorrem dentro das jurisdições dos Estados. Também tem uma natureza jurídica conflitual, uma vez que seu principal objeto de estudo consiste em resolver os conflitos de leis no espaço.
Objeto de estudo	A doutrina brasileira se utiliza dos ensinamentos da doutrina francesa e define como objetos de estudo do direito internacional privado temas relativos ao conflito de leis no espaço, conflito entre jurisdições, nacionalidade, condição jurídica do estrangeiro e teoria dos direitos adquiridos.
Procedimentos de solução de conflitos de leis	Aplicam métodos conflituais, em que se utilizam os elementos de conexão e uniformizador, por meio dos diversos tratados internacionais.
Objeto de conexão	Matérias ou institutos jurídicos aos quais a norma faz referência, ou seja, matérias reguladas pela regra. São exemplos o direito de família e as obrigações.

(continua)

(Quadro 6.1 – conclusão)

Elementos de conexão	Regras conflituais que, uma vez aplicadas, indicam ao operador do direito a regra de direito material que deve ser aplicada. Devem ser precedidos da qualificação, que é o ato de trazer ao mundo jurídico fatos que ocorrem em sociedade. Exemplos de elementos de conexão: » Domicílio: principal elemento de conexão adotado pelo Brasil. » Nacionalidade: antigo critério, presente ainda nos artigos 7º (parágrafo 2º) e 18 da LINDB. » *Lex fori*: aplica-se a lei do lugar onde se desenvolveu a relação jurídica em questão. » *Lex rei sitae*: aplica-se a norma do lugar onde a coisa está situada, como no caso do art. 8º da LINDB. » *Lex loci delicti comissi*: aplica-se a norma de lugar onde o delito ou o ilícito for cometido.
Limitações	A violação à ordem pública é uma restrição para a aplicação da lei estrangeira.

Questões para revisão

1) Mohamed, filho concebido fora do matrimônio, requereu, na justiça brasileira, pensão alimentícia a seu pai, Said, residente e domiciliado no Brasil. Said negou o requerido e não reconheceu Mohamed como filho, alegando que, na Tunísia, país no qual ambos nasceram, somente são reconhecidos como filhos os concebidos no curso do matrimônio. Com base nessa situação hipotética, assinale a opção correta à luz da legislação brasileira de direito internacional privado:
   a. A reserva da ordem pública não está expressa na Lei de Introdução às Normas do Direito Brasileiro (LINDB).
   b. O juiz, ao julgar a referida relação jurídica, deve obedecer a lei da Tunísia.

c. Nesse caso, não se aplicam normas de ordem pública, pois se trata de relação jurídica de direito internacional privado, e não de DIP.
d. O juiz não deverá aplicar, nessa situação, o direito estrangeiro.

2) Indique se as afirmativas a seguir são verdadeiras (V) ou falsas (F):
( ) Pelas regras de direito internacional privado brasileiras, um contrato entre duas empresas brasileiras, assinado em Nova Iorque, com previsão de cumprimento no Brasil e cláusula de foro indicando São Paulo como foro exclusivo do contrato, é regido pela lei brasileira, por ser o local de cumprimento da obrigação principal.
( ) A prova dos fatos ocorridos em país estrangeiro é regida pela lei que nele vigorar, tanto em relação ao ônus quanto aos meios de se produzir. Os tribunais brasileiros não admitem, porém, provas que a lei brasileira desconheça.
( ) Para resolver os conflitos de lei no espaço, o Brasil adota a prática do reenvio, mediante a qual se substitui a lei nacional pela estrangeira, desprezando-se o elemento de conexão apontado pela ordenação nacional, para dar preferência à indicada pelo ordenamento jurídico alienígena.
a. V, F, V.
b. V, V, F.
c. F, V, F.
d. F, F, V.

3) Assinale a alternativa **incorreta**:
a. O direito internacional privado não mais se restringe, como se sustentou no passado, a instituições de direito privado, atuando também no campo do direito público.
b. Assim como no DIP, a principal fonte do direito internacional privado é o tratado.

c. O direito internacional privado trata principalmente do conflito de leis originárias de Estados diferentes, estabelecendo regras para a opção entre as leis em conflito, sendo por isso um direito eminentemente nacional.

d. Há várias concepções sobre o objeto do direito internacional privado. As concepções mais amplas incluem, além dos conflitos de leis e de jurisdições, a nacionalidade e a condição jurídica do estrangeiro.

4) Qual o objetivo da Conferência de Haia para o direito internacional privado?

5) Conforme vimos neste capítulo, o juiz brasileiro pode, diante de um caso concreto, aplicar de ofício a lei estrangeira?

Questões para reflexão

1) Conceitue *direito internacional público* tomando como base seu objeto de estudo e sua natureza jurídica. Dê um exemplo de conflito de leis no espaço.

2) Quais são os métodos de solução de conflitos de leis no espaço?

3) Disserte sobre a contribuição dos doutrinadores modernos para o direito internacional privado.

4) Qual é a importância dos tratados como fontes de direito internacional privado?

5) Comente sobre os elementos de conexão e relação com a LINDB.

Consultando a legislação

Durante todo este capítulo pudemos acompanhar trechos de documentos oficiais que trazem questões referentes ao direito internacional privado. Vamos, neste momento, reunir os principais e indicá-los, a fim de que você possa aprofundar seus estudos, lendo-os na íntegra ou buscando pelas partes que lhe interessam em especial.

O primeiro deles é a Constituição da República Federativa do Brasil, arts. 4º e 5º, *caput* e incisos XXXI, XLVII, LI, parágrafos 2º e 3º (Brasil, 1988). Indicamos também a Lei de Introdução às Normas do Direito Brasileiro – LINDB (Brasil, 1942) e o art. 337 do Código de Processo Civil (Brasil, 2006).

Há ainda três convenções importantes que podem ser estudadas: a Convenção de Nova Iorque, ocorrida em 1958 (Brasil, 2002b); a Convenção de Haia sobre Sequestro de Menores (Brasil, 2000); e a Convenção de Viena das Nações Unidas sobre Contratos de Compra e Venda Internacional de Mercadorias, de 1980 (Brasil, 2014). Esta última foi ratificada pelo Brasil e atualmente é vigente.

Há também alguns *sites* para consultas de convenções e tratados. Esses *sites* podem enriquecer o estudo do tema. São eles:

ASADIP – Asociación Americana de Derecho Internacional Privado. Disponível em: <www.cedep.org.py>. Acesso em: 24 nov. 2015.

CCI – International Chamber of Commerce. Disponível em: <www.iccwbo.org/incoterms>. Acesso em: 24 nov. 2015.

CIDIP – Conferencias Especializadas Interamericanas sobre Derecho Internacional Privado. Disponível em: <http://www.oas.org/dil/esp/derecho_internacional_privado_conferencias.htm>. Acesso em: 24 nov. 2015.

EU – European Union. Disponível em: <www.europa.eu>. Acesso em: 24 nov. 2015.

HCCH – Hague Conference on Private International Law. Disponível em: <www.hcch.net>. Acesso em: 24 nov. 2015.

MERCOSUR – Mercado Común del Sur. Disponível em: <www.mercosur.int>. Acesso em: 24 nov. 2015.

UNCITRAL – United Nations Commission on International Trade Law. Disponível em: <www.uncitral.org>. Acesso em: 24 nov. 2015.

UNCITRAL. Disponível em: <http://www.uncitral.org/uncitral/es/index.html>. Acesso em: 20 out. 2015.

UNIDROIT – International Institute for the the Unification of Private Law. Disponível em: <www.unidroit.org>. Acesso em: 24 nov. 2015.

Ao longo da leitura deste livro, você pôde perceber que o direito internacional é de grande importância no contexto mundial contemporâneo.

Em um mundo que está em constante transformação, o profissional deve estar habilitado para compreender as complexas relações jurídicas, econômicas, sociais e históricas que o cercam. O deslocamento das pessoas torna-se cada vez mais frequente, resultado de conflitos e de crises humanitárias.

Desse modo, você pôde verificar a importância do direito internacional no que diz respeito à proteção da pessoa humana. Ao comentarmos sobre as crises humanitárias, o refúgio aparece como um instrumento jurídico importante. Buscamos, por meio da escolha bibliográfica e dos exercícios propostos, mostrar que o direito internacional deve ser examinado, naturalmente, com base em sua contextualização histórica e jurídica. Assim, esperamos que este livro tenha proporcionado reflexões importantes e que sirva de base para suas análises e seus estudos.

para concluir...

ACCIOLY, H.; SILVA, G. E. do N.; CASELLA, P. B. *Manual de direito internacional público*. 17. ed. São Paulo: Saraiva, 2009.

ACHIRON, M. *Nacionalidade e apatridia*: manual para parlamentares. Tradução da Unidade Legal Regional do Escritório do Acnur para as Américas e do Conselho Português para os Refugiados. Out. 2009. Disponível em: <http://www.ipu.org/PDF/publications/nationality_p.pdf>. Acesso em: 24 nov. 2015.

APRENDENDO A EXPORTAR. *Termos internacionais de comércio – Incoterms*. Disponível em: <http://www.aprendendoaexportar.gov.br/sitio/paginas/comExportar/incTabela.html>. Acesso em: 13 nov. 2015.

ARAÚJO, N. de. *Direito internacional privado*: teoria e prática brasileira. 3. ed. Rio de Janeiro: Renovar, 2006.

BARBÉ, E. *Relaciones internacionales*. 2. ed. Madrid: Tecnos, 2006.

BOBBIO, N. *A era dos direitos*. Tradução de Carlos Nelson Coutinho. Rio de Janeiro: Campus/Elsevier, 2004.

BRAGA, M. P. *Direito internacional*. Rio de Janeiro: Forense; São Paulo: Método, 2009.

BRASIL. Constituição (1988). *Diário Oficial da União*, Brasília, DF, 5 out. 1988. Disponível em: <http://www.planalto.gov.br/ccivil_03/Constituicao/Constituicao.htm>. Acesso em: 25 jan. 2016.

BRASIL. Constituição (1988). Emenda Constitucional n. 3, de 7 de junho de 1994. *Diário Oficial da União*, Poder Legislativo, Brasília, DF, 9 jun. 1994. Disponível em: <http://www.planalto.gov.br/ccivil_03/Constituicao/Emendas/ECR/ecr3.htm>. Acesso em: 13 nov. 2015.

BRASIL. Constituição (1988). Emenda Constitucional n. 45, de 30 de dezembro de 2004. *Diário Oficial da União*, Poder Legislativo, Brasília, DF, 31 dez. 2004. Disponível em: <http://www.planalto.gov.br/ccivil_03/Constituicao/Emendas/Emc/emc45.htm>. Acesso em: 13 nov. 2015.

BRASIL. Constituição (1988). Emenda Constitucional n. 54, de 20 de setembro de 2007. *Diário Oficial da União*, Poder Legislativo, Brasília, DF, 21 set. 2007. Disponível em: <http://www.planalto.gov.br/ccivil_03/Constituicao/Emendas/Emc/emc54.htm>. Acesso em: 13 nov 2015.

BRASIL. Decreto n. 1.570, de 13 de abril de 1937. *Diário Oficial da União*, Poder Executivo, Brasília, DF, 19 abr. 1937. Disponível em: <http://www.planalto.gov.br/ccivil_03/decreto/1930-1949/D1570.htm>. Acesso em: 13 nov. 2015.

BRASIL. Decreto n. 3.413, de 14 de abril de 2000. *Diário Oficial da União*, Poder Executivo, Brasília, DF, 17 abr. 2000. Disponível em: <http://www.planalto.gov.br/ccivil_03/decreto/D3413.htm>. Acesso em: 15 fev. 2016.

BRASIL. Decreto n. 4.246, de 22 de maio de 2002. *Diário Oficial da União*, Poder Executivo, Brasília, DF, 23 maio 2002a. Disponível em: <http://www.planalto.gov.br/ccivil_03/decreto/2002/D4246.htm>. Acesso em: 22 fev. 2016.

BRASIL. Decreto n. 4.311, de 23 de julho de 2002. *Diário Oficial da União*, Poder Executivo, Brasília, DF, 24 jul. 2002b. Disponível em: <http://www.planalto.gov.br/ccivil_03/decreto/2002/D4311.htm>. Acesso em: 15 fev. 2016.

BRASIL. Decreto n. 7.030, de 14 de dezembro de 2009. *Diário Oficial da União*, Poder Executivo, Brasília, DF, 15 dez. 2009. Disponível em: <http://www.planalto.gov.br/ccivil_03/_ato2007-2010/2009/decreto/d7030.htm>. Acesso em: 13 nov. 2015.

BRASIL. Decreto n. 8.327, de 16 de outubro de 2014. *Diário Oficial da União*, Poder Executivo, Brasília, DF, 17 out. 2014. Disponível em: <http://www.planalto.gov.br/ccivil_03/_Ato2011-2014/2014/Decreto/D8327.htm>. Acesso em: 15 fev. 2016.

BRASIL. Decreto n. 18.871, de 13 de agosto de 1929. *Diário Oficial da União*, Poder Executivo, Brasília, DF, 22 out. 1929. Disponível em: <http://www2.camara.leg.br/legin/fed/decret/1920-1929/decreto-18871-13-agosto-1929-549000-publicacaooriginal-64246-pe.html>. Acesso em: 13 nov. 2015.

BRASIL. Decreto n. 70.391, de 12 de abril de 1972. *Diário Oficial da União*, Poder Executivo, Brasília, DF, 12 abr. 1972. Disponível em: <http://www.planalto.gov.br/ccivil_03/decreto/D70391.htm>. Acesso em: 13 nov. 2015.

BRASIL. Decreto-Lei n. 4.657, de 4 de setembro de 1942. *Diário Oficial da União*, Poder Executivo, Brasília, DF, 9 set. 1942. Disponível em: <http://www.planalto.gov.br/ccivil_03/decreto-lei/Del4657compilado.htm>. Acesso em: 13 nov. 2015.

BRASIL. Lei n. 818, de 18 de setembro de 1949. *Diário Oficial da União*, Poder Legislativo, Brasília, DF, 19 set. 1949. Disponível em: <http://www.planalto.gov.br/ccivil_03/leis/L0818.htm>. Acesso em: 24 fev. 2016.

BRASIL. Lei n. 5.869, de 11 de janeiro de 1973. *Diário Oficial da União*, Poder Legislativo, Brasília, DF, 27 jul. 2006. Disponível em: <http://www.planalto.gov.br/ccivil_03/leis/L5869.htm>. Acesso em: 12 fev. 2016.

BRASIL. Lei n. 6.815, de 19 de agosto de 1980. *Diário Oficial da União*, Poder Legislativo, Brasília, DF, 21 ago. 1980. Disponível em: <http://www.planalto.gov.br/ccivil_03/leis/l6815.htm>. Acesso em: 25 jun. 2021.

BRASIL. Lei n. 13.445, de 24 de maio de 2017. *Diário Oficial da União*, Poder Legislativo, Brasília, DF, 25 maio 2017. Disponível em: <http://www.planalto.gov.br/ccivil_03/_Ato2015-2018/2017/Lei/L13445.htm>. Acesso em: 25 jun. 2021.

BRASIL. Ministério da Educação e Cultura. *Atlas histórico escolar*. Rio de Janeiro: IBGE, 1967.

BRASIL. Superior Tribunal Federal. Súmula n. 421, de 1º de junho de 1964. *Diário Jurídico*, Brasília, DF, p. 2-239. Disponível em: <http://www.stf.jus.br/portal/cms/verTexto.asp?servico=jurisprudencia Sumula&pagina=sumula_401_500>. Acesso em: 4 fev. 2016.

CERVERA, R. C. *Relaciones internacionales*. Madrid: Ediciones Ciencias Sociales, 1991. Cap. 3. Disponível em: <http://pendientedemigracion.ucm.es/info/sdrelint/lib1cap3.pdf>. Acesso em: 13 nov. 2015.

DAILLER, P.; DINH, N. Q.; PELLET, A. *Direito internacional público*. Lisboa: Fundação Calouste Gulbenkian, 1999.

DEL'OLMO, F. de S. *Curso de direito internacional privado*. 10. ed. Rio de Janeiro: Forense, 2014.

DEL'OLMO, F. de S. *Estatuto da Corte Internacional de Justiça – 1945*. São Francisco, 26 jun. 1945. Disponível em: <http://www.direitoshumanos.usp.br/index.php/Corte-Internacional-de-Justi%C3%A7a/estatuto-da-corte-internacional-de-justica.html>. Acesso em: 13 nov. 2015.

DOLINGER, J. *Direito internacional privado*: parte geral. 8. ed. Rio de Janeiro: Renovar, 2005.

GOMES, E. B.; WINTER, L. A. C. Contratos internacionais e arbitragem: o direito fundamental à liberdade das partes na escolha da lei a ser aplicável nas relações privadas. *Revista Jurídica*, v. 2, n. 35, p. 152-167, 2014. Disponível em: <http://revista.unicuritiba.edu.br/index.php/RevJur/article/view/943/648>. Acesso em: 12 fev. 2015.

GUERRA, S. *Curso de direito internacional público*. 7. ed. São Paulo: Saraiva, 2013.

KELSEN, H. *Princípios do direito internacional*. Ijuí: Editora Unijuí, 2010.

MALHEIRO, E. P. *Manual de direito internacional público*. São Paulo: Revista dos Tribunais, 2008.

MAZZUOLI, V. de O. *Curso de direito internacional público*. 4. ed. São Paulo: Revista dos Tribunais, 2010.

MELLO, C. D. de A. *Curso de direito internacional público*. 5. ed. Rio de Janeiro: Renovar, 1997.

MELLO, C. D. de A. *Curso de direito internacional público*. 15. ed. Rio de Janeiro: Renovar, 2004.

ONU-BR – Nações Unidas no Brasil. *A Carta das Nações Unidas*. Disponível em: <https://nacoesunidas.org/carta/>. Acesso em: 22 fev. 2016a.

ONU-BR – Nações Unidas no Brasil. *Estatuto da Corte Internacional de Justiça*. Disponível em: <https://nacoesunidas.org/carta/cij/>. Acesso em: 22 fev. 2016b.

ONU – Organização das Nações Unidas. *Declaração das Nações Unidas sobre o Asilo Territorial*: resolução n. 2312 (XXII). 14 de dezembro de 1967. Disponível em: <http://www.acnur.org/t3/portugues/recursos/documentos/?tx_danpdocumentdirs_pi2%5Bsort%5D=doctitle,sorting,uid&tx_danpdocumentdirs_pi2%5Bdownload%5D=yes&tx_danpdocumentdirs_pi2%5Bdownloadtyp%5D=stream&tx_danpdocumentdirs_pi2%5Buid%5D=589&tx_danpdocumentdirs_pi2%5Bmode%5D=1&tx_danpdocumentdirs_pi2%5Bpointer%5D=0>. Acesso em: 5 fev. 2016.

ONU – Organização das Nações Unidas. *Declaração Universal dos Direitos Humanos*. 10 de dezembro de 1948. Disponível em: <http://www.dudh.org.br/wp-content/uploads/2014/12/dudh.pdf>. Acesso em: 24 nov. 2015.

PORTELA, P. H. G. *Direito internacional público e privado*. 4. ed. Salvador: JusPodivm, 2012.

PORTUGAL; CHINA. Declaração conjunta do governo da República Portuguesa e do governo da República Popular da China sobre a questão de Macau. *Diário da República*, Lisboa, 16. maio 1988. Disponível em: <http://bo.io.gov.mo/bo/i/88/23/dc/pt>. Acesso em: 24 fev. 2016.

REZEK, F. *Direito internacional público*: curso elementar. 10. ed. São Paulo: Saraiva, 2005.

REZEK, J. F. *Direito internacional público*: curso elementar. 12. ed. São Paulo: Saraiva, 2010.

SOARES, G. F. S. *Curso de direito internacional público*. São Paulo: Atlas, 2002.

STORY, J. *Commentaries on the Conflict of Laws, Foreign and Domestic*: in Regard to Contracts, Rights, and Remedies, and Especially in Regard to Marriages, Divorces, Wills, Successions, and Judgments. Boston: Hilliard, Gray, and Company, 1834.

STRENGER, I. *Direito internacional privado*. 8. Ed. São Paulo: LTr, 2005.

VARELLA, M. D. *Direito internacional público*. 3. ed. São Paulo: Saraiva, 2011.

WAISBERG, T. *Manual de direito internacional privado*. São Paulo: LTR, 2013.

Anexo – Legislação e tratados

A convenção de Viena sobre Direito dos Tratados foi promulgada no Brasil através do Decreto n. 7.030, de 14 de dezembro de 2009. Este tratado teve sua conclusão em 23 de maio de 1969, com reserva aos arts. 25 e 66.

CONVENÇÃO DE VIENA SOBRE O DIREITO DOS TRATADOS

[...]

Artigo 2

Expressões Empregadas

1. Para os fins da presente Convenção:

a) "tratado" significa um acordo internacional concluído por escrito entre Estados e regido pelo Direito Internacional, quer conste de um instrumento único, quer de dois ou mais instrumentos conexos, qualquer que seja sua denominação específica;

b) "ratificação", "aceitação", "aprovação" e "adesão" significam, conforme o caso, o ato internacional assim denominado pelo qual um Estado estabelece no plano internacional o seu consentimento em obrigar-se por um tratado;

c) "plenos poderes" significa um documento expedido pela autoridade competente de um Estado e pelo qual são designadas uma ou várias pessoas para representar o Estado na negociação, adoção ou autenticação do texto de um tratado, para manifestar o consentimento do Estado em obrigar-se por um tratado ou para praticar qualquer outro ato relativo a um tratado;

d) "reserva" significa uma declaração unilateral, qualquer que seja a sua redação ou denominação, feita por um Estado ao assinar, ratificar, aceitar ou aprovar um tratado, ou a ele aderir, com o objetivo de excluir ou modificar o efeito jurídico de certas disposições do tratado em sua aplicação a esse Estado;

e) "Estado negociador" significa um Estado que participou na elaboração e na adoção do texto do tratado;

f) "Estado contratante" significa um Estado que consentiu em se obrigar pelo tratado, tenha ou não o tratado entrado em vigor;

g) "parte" significa um Estado que consentiu em se obrigar pelo tratado e em relação ao qual este esteja em vigor;

h) "terceiro Estado" significa um Estado que não é parte no tratado;

i) "organização internacional" significa uma organização intergovernamental.

2. As disposições do parágrafo 1 relativas às expressões empregadas na presente Convenção não prejudicam o emprego dessas expressões, nem os significados que lhes possam ser dados na legislação interna de qualquer Estado.

[...]

Artigo 7

Plenos Poderes

1. Uma pessoa é considerada representante de um Estado para a adoção ou autenticação do texto de um tratado ou para expressar o consentimento do Estado em obrigar-se por um tratado se:

a) apresentar plenos poderes apropriados; ou
b) a prática dos Estados interessados ou outras circunstâncias indicarem que a intenção do Estado era considerar essa pessoa seu representante para esses fins e dispensar os plenos poderes.
2. Em virtude de suas funções e independentemente da apresentação de plenos poderes, são considerados representantes do seu Estado:
a) os Chefes de Estado, os Chefes de Governo e os Ministros das Relações Exteriores, para a realização de todos os atos relativos à conclusão de um tratado;
b) os Chefes de missão diplomática, para a adoção do texto de um tratado entre o Estado acreditante e o Estado junto ao qual estão acreditados;
c) os representantes acreditados pelos Estados perante uma conferência ou organização internacional ou um de seus órgãos, para a adoção do texto de um tratado em tal conferência, organização ou órgão.

[...]

Artigo 9

Adoção do Texto

1. A adoção do texto do tratado efetua-se pelo consentimento de todos os Estados que participam da sua elaboração, exceto quando se aplica o disposto no parágrafo 2.
2. A adoção do texto de um tratado numa conferência internacional efetua-se pela maioria de dois terços dos Estados presentes e votantes, salvo se esses Estados, pela mesma maioria, decidirem aplicar uma regra diversa.

Artigo 10

Autenticação do Texto

O texto de um tratado é considerado autêntico e definitivo:
a) mediante o processo previsto no texto ou acordado pelos Estados que participam da sua elaboração; ou

b) na ausência de tal processo, pela assinatura, assinatura *ad referendum* ou rubrica, pelos representantes desses Estados, do texto do tratado ou da Ata Final da Conferência que incorporar o referido texto.

[...]

Artigo 19

Formulação de Reservas

Um Estado pode, ao assinar, ratificar, aceitar ou aprovar um tratado, ou a ele aderir, formular uma reserva, a não ser que:
a) a reserva seja proibida pelo tratado;
b) o tratado disponha que só possam ser formuladas determinadas reservas, entre as quais não figure a reserva em questão; ou
c) nos casos não previstos nas alíneas "a" e "b", a reserva seja incompatível com o objeto e a finalidade do tratado.

Artigo 20

Aceitação de Reservas e Objeções às Reservas

1. Uma reserva expressamente autorizada por um tratado não requer qualquer aceitação posterior pelos outros Estados contratantes, a não ser que o tratado assim disponha.
2. Quando se infere do número limitado dos Estados negociadores, assim como do objeto e da finalidade do tratado, que a aplicação do tratado na íntegra entre todas as partes é condição essencial para o consentimento de cada uma delas em obrigar-se pelo tratado, uma reserva requer a aceitação de todas as partes.
3. Quando o tratado é um ato constitutivo de uma organização internacional, a reserva exige a aceitação do órgão competente da organização, a não ser que o tratado disponha diversamente.
4. Nos casos não previstos nos parágrafos precedentes e a menos que o tratado disponha de outra forma:
a) a aceitação de uma reserva por outro Estado contratante torna o Estado autor da reserva parte no tratado em

relação àquele outro Estado, se o tratado está em vigor ou quando entrar em vigor para esses Estados;
b) a objeção feita a uma reserva por outro Estado contratante não impede que o tratado entre em vigor entre o Estado que formulou a objeção e o Estado autor da reserva, a não ser que uma intenção contrária tenha sido expressamente manifestada pelo Estado que formulou a objeção;
c) um ato que manifestar o consentimento de um Estado em obrigar-se por um tratado e que contiver uma reserva produzirá efeito logo que pelo menos outro Estado contratante aceitar a reserva.
5. Para os fins dos parágrafos 2 e 4, e a não ser que o tratado disponha diversamente, uma reserva é tida como aceita por um Estado se este não formulou objeção à reserva quer no decurso do prazo de doze meses que se seguir à data em que recebeu a notificação, quer na data em que manifestou o seu consentimento em obrigar-se pelo tratado, se esta for posterior.

[...]

Artigo 23
Processo Relativo às Reservas

1. A reserva, a aceitação expressa de uma reserva e a objeção a uma reserva devem ser formuladas por escrito e comunicadas aos Estados contratantes e aos outros Estados que tenham o direito de se tornar partes no tratado.
2. Uma reserva formulada quando da assinatura do tratado sob reserva de ratificação, aceitação ou aprovação, deve ser formalmente confirmada pelo Estado que a formulou no momento em que manifestar o seu consentimento em obrigar-se pelo tratado. Nesse caso, a reserva considerar-se-á feita na data de sua confirmação.
3. Uma aceitação expressa de uma reserva, ou objeção a uma reserva, feita antes da confirmação da reserva não requer confirmação.
4. A retirada de uma reserva ou de uma objeção a uma reserva deve ser formulada por escrito.

[...]

Artigo 46
Disposições do Direito Interno sobre Competência para Concluir Tratados

1. Um Estado não pode invocar o fato de que seu consentimento em obrigar-se por um tratado foi expresso em violação de uma disposição de seu direito interno sobre competência para concluir tratados, a não ser que essa violação fosse manifesta e dissesse respeito a uma norma de seu direito interno de importância fundamental.
2. Uma violação é manifesta se for objetivamente evidente para qualquer Estado que proceda, na matéria, de conformidade com a prática normal e de boa-fé.

Artigo 47
Restrições Específicas ao Poder de Manifestar o Consentimento de um Estado

Se o poder conferido a um representante de manifestar o consentimento de um Estado em obrigar-se por um determinado tratado tiver sido objeto de restrição específica, o fato de o representante não respeitar a restrição não pode ser invocado como invalidando o consentimento expresso, a não ser que a restrição tenha sido notificada aos outros Estados negociadores antes da manifestação do consentimento.

Artigo 48
Erro

1. Um Estado pode invocar erro no tratado como tendo invalidado o seu consentimento em obrigar-se pelo tratado se o erro se referir a um fato ou situação que esse Estado supunha existir no momento em que o tratado foi concluído e que constituía uma base essencial de seu consentimento em obrigar-se pelo tratado.
2. O parágrafo 1 não se aplica se o referido Estado contribui para tal erro pela sua conduta ou se as circunstâncias foram tais que o Estado devia ter-se apercebido da possibilidade de erro.

3. Um erro relativo à redação do texto de um tratado não prejudicará sua validade; neste caso, aplicar-se-á o artigo 79.

Artigo 49

Dolo

Se um Estado foi levado a concluir um tratado pela conduta fraudulenta de outro Estado negociador, o Estado pode invocar a fraude como tendo invalidado o seu consentimento em obrigar-se pelo tratado.

Artigo 50

Corrupção de Representante de um Estado

Se a manifestação do consentimento de um Estado em obrigar-se por um tratado foi obtida por meio da corrupção de seu representante, pela ação direta ou indireta de outro Estado negociador, o Estado pode alegar tal corrupção como tendo invalidado o seu consentimento em obrigar-se pelo tratado.

Artigo 51

Coação de Representante de um Estado

Não produzirá qualquer efeito jurídico a manifestação do consentimento de um Estado em obrigar-se por um tratado que tenha sido obtida pela coação de seu representante, por meio de atos ou ameaças dirigidas contra ele.

Artigo 52

Coação de um Estado pela Ameaça ou Emprego da Força

É nulo um tratado cuja conclusão foi obtida pela ameaça ou o emprego da força em violação dos princípios de Direito Internacional incorporados na Carta das Nações Unidas.

Artigo 53

Tratado em Conflito com uma Norma Imperativa de Direito Internacional Geral (*jus cogens*)

É nulo um tratado que, no momento de sua conclusão, conflite com uma norma imperativa de Direito Internacional geral. Para os fins da presente Convenção, uma norma imperativa de Direito Internacional geral é uma norma aceita e reconhecida pela comunidade internacional dos Estados como um todo, como norma da qual nenhuma derrogação é permitida e que só pode ser modificada por norma ulterior de Direito Internacional geral da mesma natureza.

[...]

Artigo 54

Extinção ou Retirada de um Tratado em
Virtude de suas Disposições ou por consentimento das Partes

A extinção de um tratado ou a retirada de uma das partes pode ter lugar:
a) de conformidade com as disposições do tratado; ou
b) a qualquer momento, pelo consentimento de todas as partes, após consulta com os outros Estados contratantes.

Artigo 55

Redução das Partes num Tratado Multilateral
aquém do Número Necessário para sua Entrada em Vigor

A não ser que o tratado disponha diversamente, um tratado multilateral não se extingue pelo simples fato de que o número de partes ficou aquém do número necessário para sua entrada em vigor.

Artigo 56

Denúncia, ou Retirada, de um Tratado que não Contém Disposições sobre Extinção, Denúncia ou Retirada

1. Um tratado que não contém disposição relativa à sua extinção, e que não prevê denúncia ou retirada, não é suscetível de denúncia ou retirada, a não ser que:
a) se estabeleça terem as partes tencionado admitir a possibilidade da denúncia ou retirada; ou
b) um direito de denúncia ou retirada possa ser deduzido da natureza do tratado.
2. Uma parte deverá notificar, com pelo menos doze meses de antecedência, a sua intenção de denunciar ou de se retirar de um tratado, nos termos do parágrafo 1.

Artigo 57

Suspensão da Execução de um Tratado em
Virtude de suas Disposições ou pelo Consentimento das Partes

A execução de um tratado em relação a todas as partes ou a uma parte determinada pode ser suspensa:
a) de conformidade com as disposições do tratado; ou
b) a qualquer momento, pelo consentimento de todas as partes, após consulta com os outros Estados contratantes.

Artigo 58

Suspensão da Execução de Tratado Multilateral por Acordo apenas entre Algumas das Partes

1. Duas ou mais partes num tratado multilateral podem concluir um acordo para suspender temporariamente, e somente entre si, a execução das disposições de um tratado se:
   a) a possibilidade de tal suspensão estiver prevista pelo tratado; ou
   b) essa suspensão não for proibida pelo tratado e:
      i) não prejudicar o gozo, pelas outras partes, dos seus direitos decorrentes do tratado nem o cumprimento de suas obrigações
      ii) não for incompatível com o objeto e a finalidade do tratado.
2. Salvo se, num caso previsto no parágrafo 1 (a), o tratado dispuser diversamente, as partes em questão notificarão às outras partes sua intenção de concluir o acordo e as disposições do tratado cuja execução pretendem suspender.

Artigo 59

Extinção ou Suspensão da Execução de um Tratado em Virtude da Conclusão de um Tratado Posterior

1. Considerar-se-á extinto um tratado se todas as suas partes concluírem um tratado posterior sobre o mesmo assunto e:
   a) resultar do tratado posterior, ou ficar estabelecido por outra forma, que a intenção das partes foi regular o assunto por este tratado; ou
   b) as disposições do tratado posterior forem de tal modo incompatíveis com as do anterior, que os dois tratados não possam ser aplicados ao mesmo tempo.

2. Considera-se apenas suspensa a execução do tratado anterior se se depreender do tratado posterior, ou ficar estabelecido de outra forma, que essa era a intenção das partes.

Artigo 60

Extinção ou Suspensão da Execução de um Tratado em Consequência de sua Violação

1. Uma violação substancial de um tratado bilateral por uma das partes autoriza a outra parte a invocar a violação como causa de extinção ou suspensão da execução de tratado, no todo ou em parte.
2. Uma violação substancial de um tratado multilateral por uma das partes autoriza:
a) as outras partes, por consentimento unânime, a suspenderem a execução do tratado, no todo ou em parte, ou a extinguirem o tratado, quer:
    - i) nas relações entre elas e o Estado faltoso;
    - ii) entre todas as partes;
b) uma parte especialmente prejudicada pela violação a invocá-la como causa para suspender a execução do tratado, no todo ou em parte, nas relações entre ela e o Estado faltoso;
c) qualquer parte que não seja o Estado faltoso a invocar a violação como causa para suspender a execução do tratado, no todo ou em parte, no que lhe diga respeito, se o tratado for de tal natureza que uma violação substancial de suas disposições por parte modifique radicalmente a situação de cada uma das partes quanto ao cumprimento posterior de suas obrigações decorrentes do tratado.
3. Uma violação substancial de um tratado, para os fins deste artigo, consiste:
a) numa rejeição do tratado não sancionada pela presente Convenção; ou
b) na violação de uma disposição essencial para a consecução do objeto ou da finalidade do tratado.

4. Os parágrafos anteriores não prejudicam qualquer disposição do tratado aplicável em caso de violação.
5. Os parágrafos 1 a 3 não se aplicam às disposições sobre a proteção da pessoa humana contidas em tratados de caráter humanitário, especialmente às disposições que proíbem qualquer forma de represália contra pessoas protegidas por tais tratados.

Artigo 61

Impossibilidade Superveniente de Cumprimento

1. Uma parte pode invocar a impossibilidade de cumprir um tratado como causa para extinguir o tratado ou dele retirar-se, se esta possibilidade resultar da destruição ou do desaparecimento definitivo de um objeto indispensável ao cumprimento do tratado. Se a impossibilidade for temporária, pode ser invocada somente como causa para suspender a execução do tratado.
2. A impossibilidade de cumprimento não pode ser invocada por uma das partes como causa para extinguir um tratado, dele retirar-se, ou suspender a execução do mesmo, se a impossibilidade resultar de uma violação, por essa parte, quer de uma obrigação decorrente do tratado, quer de qualquer outra obrigação internacional em relação a qualquer outra parte no tratado.

Artigo 62

Mudança Fundamental de Circunstâncias

1. Uma mudança fundamental de circunstâncias, ocorrida em relação às existentes no momento da conclusão de um tratado, e não prevista pelas partes, não pode ser invocada como causa para extinguir um tratado ou dele retirar-se, salvo se:
a) a existência dessas circunstâncias tiver constituído uma condição essencial do consentimento das partes em obrigarem-se pelo tratado; e

b) essa mudança tiver por efeito a modificação radical do alcance das obrigações ainda pendentes de cumprimento em virtude do tratado.
2. Uma mudança fundamental de circunstâncias não pode ser invocada pela parte como causa para extinguir um tratado ou dele retirar-se:
a) se o tratado estabelecer limites; ou
b) se a mudança fundamental resultar de violação, pela parte que a invoca, seja de uma obrigação decorrente do tratado, seja de qualquer outra obrigação internacional em relação a qualquer outra parte no tratado.
3. Se, nos termos dos parágrafos anteriores, uma parte pode invocar uma mudança fundamental de circunstâncias como causa para extinguir um tratado ou dele retirar-se, pode também invocá-la como causa para suspender a execução do tratado.

Artigo 63

Rompimento de Relações Diplomáticas e Consulares

O rompimento de relações diplomáticas ou consulares entre partes em um tratado não afetará as relações jurídicas estabelecidas entre elas pelo tratado, salvo na medida em que a existência de relações diplomáticas ou consulares for indispensável à aplicação do tratado.

Artigo 64

Superveniência de uma Nova Norma Imperativa
de Direito Internacional Geral (*jus cogens*)

Se sobrevier uma nova norma imperativa de Direito Internacional geral, qualquer tratado existente que estiver em conflito com essa norma torna-se nulo e extingue-se.

[...]

Artigo 81

Assinatura

A presente Convenção ficará aberta à assinatura de todos os Estados Membros das Nações Unidas ou de qualquer das agências especializadas ou da Agência Internacional de Energia Atômica, assim como de todas as partes no Estatuto da

Corte Internacional de Justiça e de qualquer outro Estado convidado pela Assembleia Geral das Nações Unidas a tornar-se parte na Convenção, da seguinte maneira: até 30 de novembro de 1969, no Ministério Federal dos Negócios Estrangeiros da República da Áustria e, posteriormente, até 30 de abril de 1970, na sede das Nações Unidas em Nova York.

Artigo 82

Ratificação

A presente Convenção é sujeita à ratificação. Os instrumentos de ratificação serão depositados junto ao Secretário-Geral das Nações Unidas.

Artigo 83

Adesão

A presente Convenção permanecerá aberta à adesão de todo Estado pertencente a qualquer das categorias mencionadas no artigo 81. Os instrumentos de adesão serão depositados junto ao Secretário-Geral das Nações Unidas.

Artigo 84

Entrada em Vigor

1. A presente Convenção entrará em vigor no trigésimo dia que se seguir à data do depósito do trigésimo quinto instrumento de ratificação ou adesão.
2. Para cada Estado que ratificar a Convenção ou a ela aderir após o depósito do trigésimo quinto instrumento de ratificação ou adesão, a Convenção entrará em vigor no trigésimo dia após o depósito, por esse Estado, de seu instrumento de ratificação ou adesão.

Artigo 85

Textos Autênticos

O original da presente Convenção, cujos textos em chinês, espanhol, francês, inglês e russo fazem igualmente fé, será depositado junto ao Secretário-Geral das Nações Unidas.

[...]

Capítulo 1

Questões para revisão
1. b
2. a
3. a
4. Refere-se à *teoria voluntarista* ou *teoria da autolimitação da vontade* de Jellinek.
5. Na igualdade entre os países, sem considerar o tamanho/a dimensão do Estado nem sua capacidade econômica.

Capítulo 2

Questões para revisão
1. c
2. b
3. d
4. O elemento subjetivo, que representa a ideia que tal comportamento é obrigatório por expressar valores essenciais; e o elemento objetivo, que é a prática generalizada, reiterada, uniforme e constante de um ato na esfera das relações internacionais.
5. São instrumentos ou processos pelos quais surgem ou se permitem identificar as normas jurídicas.

Capítulo 3

Questões para revisão
1. d
2. d
3. a
4. Um tratado internacional pode ser nulo quando ocorre dolo, erro, coerção ou corrupção do signatário do tratado.

5. *Ratificação* é o processo no qual o chefe de Estado declara submeter-se às obrigações estipuladas no tratado.

Capítulo 4

Questões para revisão
1. d
2. b
3. c
4. Povo, território e governo, dos quais surge a noção de soberania.
5. A personalidade internacional do ser humano ainda é contestada. Por outro lado, uma pessoa natural ou uma pessoa humana está obrigada a observar as normas internacionais e, caso não o faça, pode responder pelo ato em foros internacionais, como o Tribunal Penal Internacional (TPI) – órgão competente para processar e julgar indivíduos por determinados crimes definidos em preceitos de direito internacional.
6. Importante mencionar que o ser humano não pode celebrar tratados e, nesse sentido, as normas internacionais que lhe dizem respeito continuam sendo criadas pelos Estados e organizações internacionais. Ao mesmo tempo, suas possibilidades de acesso direto aos foros internacionais são ainda mais restritas que as dos Estados.

Capítulo 5

Questões para revisão
1. c
2. d
3. a
4. A entrada ou a permanência do estrangeiro de forma irregular.
5. Asilo territorial e asilo diplomático.

Capítulo 6

Questões para revisão
1. d
2. c
3. b
4. A Conferência de Haia teve como objetivo trabalhar para a unificação progressiva das regras de direito internacional privado no mundo.
5. Sim, conforme estabelece o art. 14 da Lei de Introdução às Normas do Direito Brasileiro. Porém, a parte pode solicitar prova da sua vigência.

Eduardo Biacchi Gomes é graduado em Direito pela Pontifícia Universidade Católica do Paraná (PUCPR), especialista em Direito Internacional pela Universidade Federal de Santa Catarina (UFSC), mestre e doutor em Direito pela Universidade Federal do Paraná (UFPR) e pós-doutor em Estudos Culturais pela Universidade Federal do Rio de Janeiro (UFRJ), com estudos realizados na Universidade de Barcelona. Desenvolveu pesquisa na Universidade de Los Andes, Chile. Atualmente é professor adjunto e vice-coordenador do Programa de Mestrado em Direito da UniBrasil Centro Universitário, professor titular da graduação e do mestrado em Direito da PUCPR e professor das graduações em Direito e em Relações Internacionais do Centro Universitário Internacional Uninter. Tem experiência na área de direito com ênfase em direitos humanos, direito internacional e direito da integração. Foi consultor jurídico do Mercado Comum do Sul (Mercosul) em 2005 e 2006.

Juliana Ferreira Montenegro é graduada em Administração e Comércio Exterior pela Universidade Federal do Paraná (UFPR) e em Direito pela Pontifícia Universidade Católica do Paraná (PUCPR), especialista em Direito e Negociação Internacional pela Universidade Federal de Santa Catarina (UFSC), mestre em Direito Econômico e Sustentabilidade pela PUCPR e doutoranda em Gestão Urbana pela mesma instituição. Atua como professora de Direito Internacional na PUCPR e na Faculdade Dom Bosco. Leciona também *Private International Law* na PUCPR. Tem experiência nas áreas de direito internacional e direito da integração.

Impressão:
Março/2016